Erwin Klauber

ZEITNWANDL

Erwin Klauber

ZEITNWANDL

Gschichtn und Gedichte
in oststeirischer Mundart
mit 4 Bildern
von Jörg Klauber

VERLAG STYRIA

Mit einem Nachwort
des Verfassers

Die Deutsche Bibliothek – CIP-Einheitsaufnahme

Klauber Erwin:
Zeitnwandl : Gschichtn und Gedichte
in oststeirischer Mundart. –
Erwin Klauber. –
Graz ; Wien ; Köln : Verl. Styria, 1994
ISBN 3-222-12250-4

Printed in Austria
Umschlaggestaltung: Jörg Klauber
Gesamtherstellung:
Druck- und Verlagshaus Styria, Graz
ISBN 3-222-12250-4

Für

Reg.-Rat Dr. phil.

HANS MAUKNER †

Landesschulinspektor, NÖ

In Dankbarkeit

für lebenslange Freundschaft

Inhalt

A JAHR GEHT ÜBERS LAND

Um Mattheis ... 10
Vor Kunigund ... 11
In Fruahjahr zua ... 12
Der Hulzapflbam ... 13
A Tröpfl Tau ... 14
Wiagnliad ... 15
In a Stammbüachl ... 16
Liaber Freund ... 17
Rondel ... 18
Triolett ... 19
Hoamfahrn ... 20
Nationalfeiertag ... 22
's Noagl November ... 27
Fiabernacht ... 28
Schneestangen ... 29
Vorweihnachtszeit ... 30

WIA'S EHNTER SO GWEN IS

Auf der Hausgredn ... 32
Hat d' Schepper-Tini oft derzählt ... 33
Verwandtnbsuach ... 35
Wallfahrtn geihn ... 37
Visitation ... 39
Der Weltuntergang ... 41
Hoamatroman ... 44
Glacéhandschuach ... 45
Steirisch ... 49
Neunkirchn fahrn ... 50
Der Lipp und sein Resl ... 54
A murds a Teuflwerch ... 56
Van Wasnberger-Hansl ... 60
Der Büchsnschrank ... 62
A Jagerliad ... 64
Der Butterschreck ... 65

WIA'S HEUNT HALT SO IS

Zeitnwandl ... 72
Samstanacht ... 74
Außigstorbm ... 75
Der alte Mundartdichter ... 76
Hintern schönen Blumendorf ... 77
's Toal Bauern ... 79
Nit oan Bleaml? ... 81
Bam ... 82
's Märchen va der Feichtn ... 84
Die Krahn ... 86
's Anlaßdichtn ... 88
's Hozatgedicht ... 89
Vorn Gästebuach ... 91
D' Milch ... 92
's erschte Wörtl ... 94
Der oane Zwoarer ... 95
Naturlehrestund ... 96
Zeugnistag ... 100
Abschied van Polytechnischen Lehrgang ... 101
Du bist ja Lehrer ... 102
A Gschäftsbriaf aus Kärntn ... 104
... Und d' Antwort aus der Steiermark ... 105
Die Drahtbürschtn ... 106
A Moasterschuß ... 109
Nachn Überfall ... 111
Der Moperlfahrer ... 112
Wahlversammlung ... 114
FKK-Strand ... 115
Pistnabenteuer ... 116
Stammtischsplitter ... 117
Nachn Hoamatabmd ... 119

Worterklärungen ... 120
Einige Hinweise ... 125
Nachwort ... 126

A Jahr geht übers Land

Wo immer wir auch weilen:
Unaufhaltsam fließt der Strom der Zeit
herbei, vorüber, über uns hinweg,
durch uns hindurch ...

E. K.

Um Mattheis

O laß mih's wissn,
du ruahlose Stund nach Mattheis,
wenn 's Schmelzwasser rinnt,
und die Ackerroan' apern;
Wenn hin über bloaßguldne Primln
bald d' Mirznsunn endlih
as Joahrradl weiterdraht,
eini in Fruahjahrsglanz ...

Laß mih's dertramen, du Stund,
wia's gar roaslusti weiterlaft,
außi za Blattln und Blüah,
über Ächer und Groammat,
weit umi ins Spatjahr.

Und laß mih nit bangen,
wenn d' Hirschtbirn sih duckn
ins modrige Falla(u)b,
bald 's Radl dahinta(u)mlt,
müad, uhne Roaf, uhne Schwung
in die reifige Gfrier,
bis's d' Schneeweitn zuadeckt,
verwaht irgendwo.

Mein Joahrradl, gelt,
laßt dih findn,
daß ih dih ma(g) zsammgrechtln,
besser, mit stirkere Spoachn,
an hirtgschmidtn Eisnroaf,
lang vor Mattheis.

Vor Kunigund

In aperen Haltgrabl
wiehrt sih noh muati as Eis.
Zwischn grenkerte Birnbamäst
tricknen sih d' reimign Mistln
ihrn miasiggrean' Schopf.

Der Koglwind,
kalt über d' Acker,
derzählt noh koan Wort
var a besseren Zeit.

Mit koatige Stiefl,
herbei über schneegfleckte Furchn,
daher aufn winzischmaln Roan,
bringg a neblige Vormittagstund
in an hellblobm Fürterl
a sunnguldigs Noagl
Feberar.

In Fruahjahr zua

Ra(u)ft der Jauk durchn Wald
und as Moderhulz fallt,
gwalti rauscht's über d' Schneid
van Gebirg her in d' Weit;
und d' Fährtn in Altschnee,
die hoamlichste Spur,
se glugetzn munter
der Mirznsunn zua.

Und so bricht bald die Gfrier,
und es leuchtn scho Blüah
zwischn Falla(u)b und Gras,
mein, wia lusti is das!
Ih dank dir, Gottvater,
für d' liabliche Welt,
da braucht oans zan Reichsein
koan Guat und koan Geld.

Alle Wulkerln vull Liacht,
daß ma 's Blau kam dersiacht,
und ih wischpl und lach
und 'n Bach spring ih nach;
ih muaß krat mein' Frohsinn
in Wind nachischrein,
ih woaß mit mein Freud ja
nit aus und nit ein.

O du ruahlose Zeit,
sän die Berg neamer weit,
und mir liegg's scho in Sinn,
wo ih bald wiader bin …
Und war's um mih umer
sunnhell oder trüab:
Ih trag auf die Gipfl
an Rucksack vull Liab.

Der Hulzapflbam

Bin neulih in Auswärts auf Egg zua spaziert
und steh gach ban Roan vor an Hulzapflbam,
guat hundertfuchzg Jahr alt und auf und auf ziert
wiar a seliger weißrosa Apflblüahtram.

Koan Wölkerl hoch drüber, der Himml blitzblau,
a Gugaz in Schachn, van Angerl a Hauhn,
die Wiesn kloan gscheckert, wohin ih grad schau,
aber dennah: Der Bam ziacht mih wundersam aun.

Und 's Herz geht mar auf und ih knips umandum,
vull Freud, daß oans heuntingtags so was dersiacht,
der bildschöne Bam, mit 'n Bainln ihrn Gsumm
is er weitum der Kini in früahguldern Liacht.

Vergeltsgott drum, Hof hintern Spindlbamwald,
dir, Bauer und Bäurin, daß koans danach fragg,
was nutzlos in Hirscht zwischn d' Roanhasln fallt,
weil der Kini a Kron' vuller Hulzäpfl tragg.

Losts auf, junge Leutln: Mit Geist und mit Gmüat
sullts d' Welt amal loatn, nit hartherzi wer(d)n;
därf ninderscht a Bam falln, der allweil noh blüaht,
drum vergunnts eahm sein Platzl und halts'n in Ehrn.

A Tröpfl Tau

Es juchetzt in der jungen Au,
am Blattl glanzt a Tröpfl Tau.

Du Edlstoan, du lötigs Guld,
du Früahliachtschein, van Himml ghult,

a Tra(u)m van Glück bist, Farb und Liacht,
bis d' Sunn ins kloane Wulkerl ziacht.

Und 's Wunder lischt, koan Gfunkl mehr,
der Schattn broat't sih rundum her.

Du, Tröpfl Tau, bist viel, bist weng,
für d' meistn nix, für mih a Gschenk,

und allweil mehrer leucht't's mar ein,
die Welt und 's Lebm drauf sän schö.

Kimp 's Liacht und 's Dunkl, gleim beinand,
aus oaner sanftn starkn Hand ...

Wiagnliad

Der Tag mit seine Freudn is davaun,
drum, Kin(d)erl, schlaf, hebb d' Nacht scho aun.

Schau, draußtn tramb mit dir der große Bam,
und 's Vogerl drauf in Federfla(u)m.

Ja gar die Krah, in schwarzn Rupfmkload,
warmb 's Wuserl in der gringen Pfoad.

Steht 's Fischerl friedlih intern sichern Stoan,
kunnt's koaner findn, neamb was toan.

Der Himmlvater schickt da(r) viel, viel Stern,
er hat die bravm Kin(d)er gern.

Der finstre Uhu wacht und greint: „Huhu!",
drum schlaf und tram, mein Kin(d)erl du,

bis in der Früah die Sunn ins Kammerl lacht,
und d' Mama 's guate Papperl macht.

In a Stammbüachl

Verzag nit, Herz,
wenn oanst dein Hoffm müad wird,
lang vorn Ziel.

Verlern dein Liab ah nit,
wenn s' gach koan Brückl findt,
zan andern, liachtern Ufer.

Demuat hilft dir jede Zeit
und jedn Sinn begreifm.

Wo der Regnhimml grab
auf deine Furchn niederkimp,
da wer(d)n sih oanmal vulle Ächer biagn
in guldnen Summerwind.

Liaber Freund,

a Schattn fallt auf d' Felder, seit Du neamer bist,
wird koans mehr inne, was D' nit gschriebm hast und gsagg;
hat's d' Ewigkeit vermirkt, eh's d' eitle Welt vergißt.

Wird 's Herz eahm schwar, wer um Dein Liab zan Lebm fragg,
um Deine Tram, de draußt ham blüaht vorn reinen Wort,
der Wind wird s' hüatn, bis er 's letzte La(u)b vertragg.

Verwaschn wird der Regn, was auf d' Sunn hat gwart't,
wern d' Wanderweg verschwimmen, tiaf in Nebl drein,
wird Früahschnee d' Spurn verdeckn, landweit drüberbroat't.

O Freund, stockt d' Red ban Tisch, aft kehrst Du ein.
Du bist dahoam wia eh, a jeds vernimmb Dein Stimm,
Dein' Trost, Dein' Sinn fürs Bauernland mit Brot und Wein:

„Vergeßts mih net, ös wißt's, daß ih bald wiader kimm ..."
Du woaßt es, daß 's Vergessn z'tiafst in Dunkl gschiacht:
Aus tausnd Wurzln bricht Dein Lebm auf zan Liacht.

Für Hans Maukner †

Rondel

Der Huller tragg schneeweiße Blüah,
in Bauerngartl prangen d' Rosn.

Oh, schöner wird's in Jahr gar nia,
die Bain verdean' sih guldne Hosn,
der Tau versilbert d' Wiesnzier.

Der Huller tragg schneeweiße Blüah,
in Bauerngartl prangen d' Rosn.

Und Bachlrauschn über d' Wiehr,
durchs La(u)b her Gwischpl, Sunnliachtglosn.
Ban Pfarrhaus fahrt die Hozat vür,
und d' Musi vor der Kirchntür
lad't d' Neugier ein zan Schaun und Losn.

Der Huller tragg schneeweiße Blüah.
In Bauerngartl prangen d' Rosn.

Triolett

Gar zierlih is a Triolett:
Ma kunnt damit frei gschami beichtn.

Und wenn der Kehrreim nit z'laut red't,
is's wiar a Hauch das Triolett.

Und weil er vornehm ist, bedacht und nett,
därf ah der zweite Reim still leuchtn.

So zierlih is a Triolett:
Ma kunnt damit sein Liab aunbeichtn.

Hoamfahrn

Viel z'lang scho han ih wiader zuagwart't,
zwider is's mar in der Ghoam;
va lauter Pflichtn um mih umer
kimm ih nit zar Mutter hoam.
Ih woaß's, des ghört sih für a Kind nit,
richti laßt's mar mehr koan Ruah,
und so brummb mein braver Käfer
stantapee auf Boardorf zua.

Gamper steht alls auf sein' Fleckl,
alls ban altn, Gott sei Dank;
safti hängn auf der Heckn
d' Weinbiir intern Stadlgang.
A Lüftl rinnt durchs greane Angerl,
welche Blattln tanzn mit,
und hoaser mauhnt mih 's Gartntürl:
„Nigl, fauler, schamst dih nit,
verstehst 'leicht mehr koan andre Sprach?"

Verlegn roat' ih aufm Bankl
meiner gmoanen Kindheit nach:
A Birnbam loahnt sih übers Zäundl,
etla Ackerl hin zan Roan;
koan Strom, koan Brunn, koan Trümml Straßn,
just a Weg vull Loch und Stoan.
Salitter blüaht um marbe Ziagl,
d' Feuchtn schleicht sih inter 's Dach,
und dennah lachn Blumenfenster,
is ah 's Brünndl ent ban Bach.

Du notigs Keuscherl, alls zan richtn,
selm in d' erschtn dreißger Jahr;
junge Eltern, Kin(d)er, Schuldn,
klua(g) as Geld und meistns gar.

Vergessn sän die Sechzg aum Buckl,
wenn oans dasitzt wiar a Bua –
und so geht ma halt sein Lebba
seiner guatn Hoamat zua.
Sie wird mih, hoff ih, allweil kennen,
mih, ihrn Suhn, mit d' weißn Haar,
und – han ih's ah nit schlecht derratn –,
bin doh bliebm, was ih war.

Frei a(b)draht wiar a Umerziacher
schau ih durch die Fensterblüah,
und d' Mutter wird's akrat nit inne,
daß ih s' hoamlih a(b)speglier.

Versunkn sitzt s' und strickt und strickt,
daß s' nit amal ihr Kind derblickt!
Wieslflink noh tanzn d' Nadln,
wurlt d' Wulln her ausn Korb.

„Ja, grüß dih, Mama, strickst mir Sockn?"
schreck ih s', „und genau mein Farb!"
„Um Gotts willn!" schreit s', „schau aun den Lauser,
grad noh han ih an dih denkt;
schö gschipplt ghörst, weilsd' gar nia hoamfindst,
meiner Seel, ih han mih kränkt."

Du, des is gsessn! Kränkn? Wehtoan?
Des verdeant koan Muatter und koan Moahm!
Koan Nest vull Gschäftln wird mih haltn,
wenn ih gspür: „Hiatz, Bua, fahr hoam."

Und über d' Brilln her funkln d' Äugln,
und verlei geht 's Gsicht vernand:
„Weilsd' na da bist", lacht s' scho freundlih
und is's Harbsein nit instand.

Na, koaner schauert insrer Mutter
gleih ihrn guatn Achtzger aun.
Der Himml gib's, daß s' noh viel Jahrln
strickn, grein' und lachn kaunn.

Nationalfeiertag

Jeds Jahr bin ih a weng unglücklih drüber, weil viele österreichische Landsleut mitn Nationalfeiertag nix Gscheits aunz'hebm wissn. Dabei schadert's gar nix, wenn s' grad den Tag a weng zan Gfreun und Dankbarsein hernahmertn für alls, was ma habm. Für a Toal Leut is aber 's Raunzn und Grein viel kommoder, da kaunn oaner ah noh mithaltn, wenn ba seine Aunsichtn scho a weng a Krankheit dabei is.

Gegn 's Volkswandern is nit viel einz'wendn, aber toan's nit wiader ah Leut aus Verlegnheit oder gar aus Aungeberei und lassn eahnere Wandergwandln 's Jahr über in Kastn?

Ja, und weil 's Wandern alloan nit so gsund is, muaß ma natürlih dabei ah was für die Gsundheit aufbringen und dafür die „guatn altn Bräuch" weiterlebm lassn: Most, Bier, Mischung, Schnapsl, Wein, Gselchts, Verhackerts, Wurschtsemmln und Bratwürschtln haltn interwegn Leib und Seel zsamm ...

Der Rieglpertl gsiachts freilih nit gern, wenn ba de guatn altn Bräuch andere was verdean'. „Es is ja sein Lebba so gwen, daß 'n Habern allweil die gfahltn Roß kriagn", moant er gern, „inseroans kimp ba so was ja nit zuwi."

Der Rieglpertl arbat inter der Wochn obm in Obersteirischn in Hulzschla(g). Sein aunleitigs Wirtschaftl wa' uhne an Nebmerwerb nit lebmsfähi, sagg er. Wo nit viel is, müaßert was dazuakemmen, ehvor der Teuxl selmer dazuakimp. Und ba so an Wandertag mit so vieln Leutn ghörert akrat just des hergebm, was die Bauern auf der Wanderroutn selber hättn: Bauernbrot, Milch, Grammlschmalzbrot und so Sachn, moant er, is 'n Leutn ja viel seltsamer wia des kafte Zeug, was d' Vereine daherzahn.

Der Thaller-Paul, der wiader amal zualost, weil er scho a guate halbe Stund ban Pertl auf der sunnign Hausbank sitzt, kennt de Sprüch ja scho seit viele Jahr. Er is a Bergwachtmaunn und ban Rieglpertl va Kindheit her a weng dahoam. Er is desmal wiader interwegs, weil er die Wanderroutn fürn Nationalfeiertag auskundschaftn muaß.

„Freilih hast irgendwo recht, Pertl, aber d' letztn Jahr her hat sih nit oan Bauer um insern Volkswandertag gschert. Aber was ih ghört han, will heuer eh der Buachebner ent Milch und Butterbrot hergebm. Du müaßerst dir halt was anders einfalln lassn. Wia war's mit Tee und Wuchtln? Natürlih ban Tee ah a weng auf die Kin(d)er denkn, sist hätt ma gleih in Scherm auf."

Naja, daß der Paul a weng a Schlankl is, des woaß der Rieglpertl scho lang. Aber des mitn Tee und d' Wuchtln gfallert'n gar nit schlecht. Wenn's was so nebmbei zan Zuwerbringen gibb, sän eahm selber ah scho etlasmal recht ausgfallne Sachn eingfalln. Aber 's Teesiadn und Wuchtlbachn machert seiner Agnes nit extra viel Gscher, dabei wurdn ihr gwiß ah d' Nachbarinnen a weng helfm.

„Selm moanst ernstlih, Paul, mir kunntn obm ban Haltgatter a Teestation machn, han? Meinersechs, du, 's selbe gfallt ma(r) ja verlei ganz guat, da warn am End kommod a paar Blaue zan verdean. Was moanst, Paul, kunnt ma so verlangen? Du kennst dih ja besser aus. Auszahln muaß as sih scho urndlih, sist laß ih's gleih bleibm. Va der christlichn Nächstnliab kaunn nit amal der Pfarrer lebm."

Der Paul, der sein' Vorschlag mitn Tee und d' Wuchtln va weitn nit so ernst gmoant hat, wia des der Pertl stantapee aufgfaßt hat, hat hiatz natürlih ah ban Weiterroatn helfm müan. Und so rat' er va de Plastikbecher a(b) und ah va Serviettn und Pappmdeckluntersatzln, weil eahm, wiar er moant, als Bergwachtmaunn scho d' Umwelt in Sinn kimp. „Woaßt, Pertl, d' Wanderer werfm eh scho so z'viel doni. Und übermorgn därf der ganze Wanderrudl va deiner Station koan' Abfall mitnehmen. Du bist ja eh aum höchstn Gupf obm, da kemmen d' Leutln just mehr schipperlweis. Schau, daßd' gmua Teehäferln zsammbringst, a dreißg, moan' ih, wern gfulgn, und sein Wuchtl sull sih jeder selber van Körbl außernehmen. An Zehner kaunnst dafür scho verlangen."

„Du Narr du, bist leicht ganz übergschnapp, Paul, da muaß ja doh ganz locker a Zwoanzger außerschaun!" Und wia der Pertl des alls scho überschlagsmaßi betracht't, kamertn eahm so um die acht Tausnder in Sinn. „Aber oan Hakerl hat de Gschicht halt leider, Paul, heunt, am Samstanamittag habm die Gschäfter all zua“, fallt eahm auf die Gach ein und sein Gsicht wird dabei wiader finsterer, „und am Maunta(g) is scho der Nationalfeiertag. Mir habm gwiß zweng Mehl, Tee, Zucker und Schnaps dahoam, gar nit z'redn va 30 Häferln. Da wird sih mein Agnes am End nit recht außigsehgn; de wird ma, denk ih, wiader amal was pfeifm.“

„Wenn's sist nix is“, tröst'n der Paul, wiar er vorn Weitergeihn sein' Berghuat aufsetzt, „habbs ja eh guate Nachbarn und Verwandte in der Nächst, leichts enk halt in Gottsnam was aus.“

Und so is's aft ah gwen. Der Pertl is gleih abi zan Haltbrosl und hat fünf Doppler Obstler hoamgführt. D' Agnes hat richti bakloan nachgebm und hat eini za da Schwester, der Gstettnjaglin, aufgläut't und an festn Binkl Mehl und an Zucker ausgliechn. Die zwoa Nachbarn habm ah noh a weng ausghulfm.

Bua los, am Sunntanamittag hat 's Wuchtlblech gnädi kriagg! A Glück, daß d' Weinfurter-Rosl und d' Leitnbarn-Sefa zan Helfm derweil ghabb habm.

Der Pertl hat gegn auf d' Nacht 'n kupfernen Saukestl ausgriebm und alls so grechtlt, daß er's in der Früah zan Hernehmen ghabb hat. Scha, wia hat der Thaller-Paul gsagg? Ah ja, um neune umer wurdn aufm altn Kirchwe(g), van Waldeck her, d' erschtn Volkswanderer za der Teestation kemmen. Was für a oanmalige Glegnheit für a außertourliche Einnahm', wenn morgn obm ban Haltgatter d' Leut um Wuchtln und Tee rafm!

Der Pertl hat sih's aber ah ganz genau ausgroat't, wiar er de hoakliche Gschicht in der Früah aungeht: hundert Liter Tee wern dahoam gmacht und in zwoa Plastikkanister gfüllt. D' Wuchtln sän aus etla größere Schachtln leicht zan außernehmen.

Und so sän d' Rieglpertlischn scho um siebme mit ihrn nahrhaftn Fuhrwerch interwegs aufi zan Haltgatter. All viere sän s' warm aunglegg: d' Agnes, der Schulerbua Martin, der Pertl und d' We(g)poldl-Mirz, a Nachbardeandl fürs Häferlwaschn. Ja, und was nit noh alls aum Hänger drauf is: a umgmodlter alter Sagschartnofm zan Teewarmhaltn, etla größere Häfm, a Tischl, d' Hausbank, drei Sessl und für d' Not a paar Äpflsteign. Die zwoa Weibertn sitzn hint aum Aunhänger ba d' 400 Wuchtln, ban Tee und ba d' Häferln, daß sih ja nit eppa ban Bergauffahrn irgendwas hoamlih davaunmacht.

Um achte hoazt der Pertl in Ofm aun. Der Aunhänger schauert bald aus wiar a fein deckts Kirtastandl. Alls is leichtkehri zan hernehmen. 's Öferl burrt scho recht lusti, d' Wuchtln ladn zan Hingreifm ein und sogar a Sackl brinnroate Kronprinzer wartn auf die Kundschaftn. Hiatz kaunn's losgeihn!

Aber gstatt d' Wanderer kemmen d' erschtn Regntropfm. Koans va de viere hat's ban Arbatseifer wahrgnommen, daß übern Kogl her kuhlteuxlschwarze Wulkn daherziahgn. Du heiliger Petrus, moan's guat mit ins!

Um halber neune is 's Malör scho rulldick da. Gelbe Blattln wirbln über d' Halt umer und die Regnwand schiabb sih wiar a riesngroßer graber Vorhang nacher.

„Aunhänger zuadeckn! Ziachts die Plachn drüber!" schreit der Pertl van Ofm umer, wo er grad an großn Häfm Tee hoaßmacht. Die schwarn Regntropfm zischn aufs Blech, daß die Dampfwölkerln donerhupfen, ehvor der Wulknbruch wiar a Wasserfall auf die Teestation niederprastlt. D' Weiberleut schliafm husi inter die Plachn eini und die zwoa Maunner inter d' Feichtn.

Um neune schütt's allweil noh, und broat rinnt 's trüabe Regnwasser übern Schwall aufn We(g) aber, und längst is dout a Teicht, wo d' Wanderer hättn sulln eahner wuhlvermoante Stärkung kriagn.

's Büabl is scho ba der Mami inter der Plachn, aber der Pertl steht waschlnaß inter der Feichtn und d' Augn glotzn aus sein' verstoanertn Gsicht ins Laare. Weit und broat koan Wanderer und ah koan – Thaller-Paul. Bua, der war' hiatz grad der Richtige, der derfragert was!

's lustige Feuerl is in Ofm dersoffm, 's Hulz pritschnaß: aus is der Tram! Wiar a g'roazter Schafwidder springg der Rieglpertl va der Feichtn vürer, frei halbert derfrorn, plärrt und fluacht und plascht durchn Dreck zan Aunhänger: „Aussteign!" schreit er, „ih han gmua, ih fahr hoam!"

D' Agnes, d' Mirz und der Martin schliafm gschreckter inter der Plachn außer und wutzln sih van Hänger; und noh eh s' was dersagn mögn, springg der Pertl in sein' Bitzl aufn Traktor, start't'n aun, fahrt mit der Fuhr a fuchzehn Meter vüri, schiabb ban Wendn wiar a Rennfahrer aufs kloane ebne Umkehrplatzl zruck und – scho is der Hänger auf der Gstettn int! Wer aber denkt bar an Wutaunfall auf a offne hintere Bordwand? Wiar a Raketn schiaßt er vürer, rupft 'n Hänger wiader auffer, gibb noh mehr Gas, und scho schaun d' unschuldign Zuaschauer aus, wia wenn s' a Maurer frisch aunputzt hätt.

„Es hätt mih richti gwundert, wenn des heunt guat ausgangen war'", hat d' Agnes mehr kloanlaut gmoant. Der „Geisterfahrer" is derweil scho intern Wald wiader zan gsehgn gwen und hat auf der Hoamfahrt nit amal a Wuchtl mehr aufm Aunhänger ghabb.

Wiar ah die drei Fuaßgänger wiader dahoam sän, scheint zwischn d' letztn weißn Wulkerln d' Sunn van tiafblaun' Feiertagshimml, und bald drauf ham sih scho d' erschtn Wanderer drüber g'ärgert und fleißi gschimpft, weil auf den schönen Fleckl ban Haltgatter irgend a damischer Umweltverschandler an altn Sagschartnofm mit an Häfm drauf, ja sogar an ganz guatn Tisch, a Bank, Sessln und Äpflsteign deponiert hat.

„Viel z'guat geihn tuat's heunt 'n Leutn! Des Glump da hat gwiß a hiesiger Bauer weggschmissn; ma müaßt a so an Wedl glatt aunzeign, wenn ma'n kennert", moant der Wegerer-Max zan Thaller-Paul, sein' Bergwachtkumeradn. Der aber muaß des überhört habm, weil er auf de Red hin nix gsagg hat. Der hat den „Sperrmüll" ban Vorbeigeihn betracht't, 'n Kopf beutlt und allweil wiader g'lacht.

Erscht etla Wochn nachn Nationalfeiertag hat's der Paul va der Agnes derfragg, wia sih der Wandertag ban Rieglpertl a(b)gspielt hat. D' Heahn und Farln hättn bald nachi schöne Wuchtltag ghabb. Ah der Pertl hat oanmal fleißi Wuchtlsuachn ghulfm. Die zwoa Teekanister habm sih auf d' Stachln van Gstettnjogl Schafhaltzaun aufgspiaßt ghabb, aber d' Schnapsflaschn sän nia mehr zan Vorschein kemmen. Etla Häferln warn sogar noh zan brauchn gwen. A ganz eifriger Naturliabhaber hat bis aufn Sagschartnofm und oan schlechte Äpflsteign 'n „Sperrmüll" scho weggführt ghabb, wia'n der Pertl gegen auf d' Nacht hat wölln selber huln.

„Bitt enk gar schö, hörts bald auf mit enkern Jammertabl", hat er a paar Tag drauf za d' Hausleut gmoant, „heuer is sih des mit die zwoanzg Schülling nit recht ausgangen. Aufs Jahr verlang ma fünfazwoanzg, aber da nehm' mar an Schirm ah mit."

's Noagl November

Is 's Braunbiirla(u)b ban Feldwe(g) abibrunnen,
ah d' letztn Halterfeuerln sän verglost.
In Bauernkellern gärt der junge Most,
und her aufs laare Gäu kimp Regn grunnen.

Wird 's Spatjahr bald sein Fedlbinkerl nehmen:
Der Schneewind greint, scho schneibb's die Berg hint ein.
Sankt Anderl mauhnt sein Pfarr zan Kirtageihn,
der Nebl und die Krahn wern so noh kemmen.

Recht zeitlih finster wird's, und gern tuat's reifm,
wenn gach a Sternnacht eiskalt her van Himml sinkt.
Du Menschnseel, de müad adventzua hinkt,
bald wirst dein' We(g) und 's liachte Ziel begreifm.

Fiabernacht

Ih tapp durch tiafste Dunklheit
und woaß koan' Sinn, koan' Platz, koan Zeit.
Bin ih in Wald, a Mörder da,
der Leutumbringer, paßt er wo?
Is's Wirklihkeit, is's schlechter Tram,
geht 's Unheil mit va Bam za Bam?
Wia sull's um mih her heller wern,
es glost koan Kirznschein, koan Stern.
Hätt ih van Hölzl 's Fluckerl Liacht,
das nit verlischt, wenn 's Lüftl ziacht.
He, Würger, 's gibb koan Geld, koan Bluat,
mein Haut is teuer, mirk dir's guat!
Um Gottes willn, der Himml brinnt,
a hoaßer Regn rauscht und rinnt!
Der Rach, der Sturm! Wer rehrt und schreit?
Is wiader Kriag? De armen Leut!
Und still is's wiader, finstre Nacht,
der Schriatt kloanmüad und schwar die Fracht.
Wo bleibb der Wind, der 'n Nebl zreißt,
a Laut, der oanst a Richtung weist?
A Schimmer glanzt durch d' schwarze Wand,
und klarer wird's rundum in Land.
Viel guldne Fenster lachn her,
und uferlos strahlt 's Liachtermeer.
Es haucht a Stimm: „Er is hiatz wach,
und, Gott sei Dank, laßt 's Fiaber nach."
Ih gspür a Hand, und in der Ghoam
da wird's mar gwiß: Ih bin dahoam.

Schneestangen

Weitumer in Land gratn d' Auto in Stau,
und Schneestangen deutn ins milchige Grau;
se derwihrn nit in Himml sein schreckhafte Gwalt,
koan Waht und koan Wächtn, wenn 's Gjoad einerfallt.

Und schlecht greifm d' Reifm durchs endlose Weiß,
die Radln schern aus aufn glasblankn Eis;
va überall meldt der Verkehrsfunk a Gfahr:
Für de, de dahaom sän, wird 's Fürchtn nit gar.

Wia handsam auf oanmal de Autoleut fahrn,
bedächti, und nix in ihr Roat'werch verlorn ...
Kolonnen va Liachter und – Fahrer mit Gfühl,
a jeds nimp sih Zeit, ah fürs weiteste Ziel.

O warn doh de alle durchs Jahr hin so gscheit,
und nahmert sih jeder fürs Aunkemmen Zeit,
mit Herz und Vernunft, mit Verständnis und Gspür,
wenn d' Straßn ah frei sän und 's Land vuller Blüah.

Was jagst auf der Straßn, verblendt und verbohrt,
du Wilderer, bist in dein' Leichtsinn vernarrt?
Spital oder Friedhof, wo liegerst gern ein?
Viel schöner wird doh eppa 's Hoamkemmen sein.

Du Jugend, grad dih geht des ernste Wort aun:
Sekundn derzwungen und 's Lebm vertaun?
Müan Schnee sein und Blankeis, gar Splitter und Bluat,
daß's endlih an Törischn 's Autofahrn tuat?

Die Schneestangen mauhn dih, kimpst ranti daher:
„Brauchst du zan Bedächtiwer(d)n krat a Malär?"
Advent is doh, Leutln, steht d' Weihnacht bevor.
Viel Segn, viel Freud und a glücklichs neugs Jahr!

Vorweihnachtszeit

Wenn scho d' Flockn verirrt über d' Waldwipfl tanzn,
und d' Schneefelder aber van Oberland glanzn;
wenn herint' übers Tal, über d' a(b)glaarte Ebm,
as Spatjahr sein' eiskaltn Nebl hebb z'webm,
aft wachst in dein' Gwissn viel Guatherzigkeit,
und du gspürst, es is hoamliche Vorweihnachtszeit.

Wartn d' We(g) zwischn d' Acker, verwoast und verlassn,
loat außi dein' Schriatt aus der ruahlosn Gassn;
in der Oansamkeit hintn, wo d' Schattn früah kemmen,
wirst freudi a Stimm in dir selber vernehmen:
Adventliader klingen und d' Seel wird dir weit,
und du woaßt, es is selige Vorweihnachtszeit.

Und bakloan wirst es inne, a Kind bist verbliebm,
und hätt dir ah 's Schicksal as Kindsein vertriebm,
hätt dih d' Welt mit ihr Schlechtheit verschreckt und verdrossn,
und hätt dein Enttäuschung ah Zachn vergossn,
vergiß's doh, und mach dih zan Handge(b)m bereit,
schau, Advent is und trostvolle Vorweihnachtszeit.

Laß 'n Schnee deine einwending Wundn verdeckn,
und laß dih in Gottsnam durch nix mehr derschreckn,
wird a Nacht bald taghell, kimmb a Liachtschein ins Dunkl,
a Stern, der dir leucht't mit sein' guldenen Gfunkl:
Dein Pfad hin za Krippm is frei und nit weit,
weil Advent is und heilige Vorweihnachtszeit.

Wia's ehnter so gwen is

Es kann der Tag kommen,
da all unser Gold nicht reicht,
uns ein Bild von der
entschwundenen Zeit zu formen.

Artur Hazelius

Auf der Hausgredn

Moant die Treapm zan Tocker:
„Mein (S)tocktahn is locker.“

Feanzt der Tocker die Treapm:
„Haha, muaßt so (s)terbm.“

Hat die Treapm laut grehrt.
Hat's der Halterbua ghört.

„Zan Deididldum“, schreit er,
„schambs enk, ös Streiter,
seids eh scho blitzdumm,
bringg enk 's Dummsein frei um!“

Hat koan' Tocker was gschert.
Hat koan Treapm mehr plärrt.

Hat der Halterbua gschaut,
wia s'n allzwein ham ghaut.

Hat d' Schepper-Tini oft derzählt

Hat d' Schepper-Tini oft derzählt,
wia's ehnta gwen is auf der Welt.
„O mein", hat s' gmoant, „han ih selm glacht,
wia's oanst derselbe Bua hat gmacht!

Der Schneider-Blas", moant s', „va der Elm,
hat grad den Lehrbuam ghabb, den Schelm,
kloanwunzi gratn, aber brennt,
schö waggs ban Maul und zach ba d' Händ.

Der Blasl hat a Napferl kaft,
weil jeder, der eahm einerlaft,
ka(u)m, daß er sist was vürerdruckt,
sih räuspert und aum Bodn spuckt.

Grad narrisch wird er da dabei
ba derer grausling Spiazlerei.
Der Lehrer muaß an Zettl schreibm:
‚Das Spucken hat zu unterbleibm!'

A Schrift hilft ah balei nit viel,
wenn so a Kundschaft spuckn will;
der Lehrbua, der des guat versteht,
moant: ‚Schaun, wia's eppa hiatz aft geht.'

's hat neamb befuhln und dennah keck
verzaht er 'n Napf ins Werkstatteck;
er räuspert sih nit just gar fein
und weicht des neuge Gschirrl ein.

Ka(u)m greift er zach ban Heftn zua,
prowiert er's nohmal, kriagg nit gmua,
und spiazlt wiar a feiner Herr
va obm und va der Seitn her,

und spuckt frei gwegn, der nimmbs nit wahr,
in Moaster hint aufs Noagl Haar,
und gfreut sih z'Toad, der freche Stift,
wia's hinterrucks die Blasin trifft,

und oanst zan eahm hin, oanst zan ihr,
und zwischndurch ins neuge Gschirr,
derrat't ah 's Löchl, gwiß a Kunst,
kommod her übern Bögldunst.

Ih kuder grad, ih dumme Zauk,
da gspür ih's warm ban linkn Aug
und schrei aft richti wia verruckt:
‚Herr Moaster Blas, der Mistfink spuckt!'

Hiatz stellt der Blas de Gaudi a(b):
‚Der Napf is für die Kundschaft da!'
und la(u)ft roat aun und greift zan Lodn:
‚Wennsd' spiazln muaßt, so spuck aum Bodn.'"

Und d' Schepper-Tini hat noh glacht,
wia s' mit ihrn Steckn furt hat tracht't,
und hat's ba d' Nachbarn ah derzählt,
wia's zuagang is auf derer Welt.

Verwandtnbsuach

Ja, gwesn is's sist selm a so:
Der Micherl war halt ninderscht noh,
drum möcht er za d' Verwandtn geihn.
Sel war' scho recht und 's Wetter schö.

„Selm los guat, Micherl, was ih sag:
Hast husi z'geihn in halbm Tag;
leg aun van Vatern d' hochn Schuach,
ba deine bricht der Bodn durch.

Gehst furt ban Bachl schö kommod,
as Wasser is nix gfährlih dout,
und kracht der Ste(g) mit dir in Bach,
aft kräulst ban Ort ent wiader hoch.

Gach gsiachst as Höchbarn Stadldach,
gehst kirzngrad der Nasn nach;
bleib schö aum We(g) und aufm Stei(g),
sist kimpst ins Haus und nit vorbei.

Ban Schneuzn tua schö achtinggebm,
sist wurdsd' verlei an Tanz derlebm,
weil, blaserst wia der Vater aun,
selm fliagert 's halbe Dach davaun.

Der We(g) geht furt ban Haslroan,
vorbei ban Häufl Ackerstoan;
ehsd' einikimpst zan Körbl-Friaß,
dersiachst scho hint in Gstettnhias.

Ban Pechöl-Hans in Zeislgrabm,
wo s' ent in Hulz as Häusl habm,
dout steigst ban Stiegl übers Koh,
und tritt mar ja koan Sprangl a(b).

Wennsd' außikimpst va's Thomen Wald,
war's miglah, daß der Haushund kallt,
der is nit leicht in Kobl drein,
der beißt, muaßt weitgmua donigeihn.

An Eichtl kehrst ban Schirner zua,
du, sauf nit z'viel van Plutzerkrua(g),
sist hoaßt's am End, den fahlt's ban Hirn,
der Bua is dummer wia die Dirn.

Und bleibert 's Wetter nit ganz schö,
aft müaßerst halt wo intersteihn;
wenn dout nebm deiner wer was ißt,
selm sag, daßd' gar nix humri bist.

Weil bettln, sagst, des därferst nit,
sist nahmert dih dahoam neamb mit;
des gwegni Hinschaun auf a Trumm,
des g'hört sih nit und tuat ah dumm.

Hiatz los guat zua, ban Onkl ent,
da wasch dir ja vorn Essn d' Händ,
de sän in Wasser nit gar feind,
daß koans wegn d' schwarzn Griffl greint.

Und nettn s' dih, tua nit lang schaun,
sag laut ‚bitt gar schö', iß dih aun.
‚Vergeltsgott' hoaßt's hint nach, du Tost,
fürn Trunk und für die guate Kost.

Und daßd' nit wiar a Farkl schmatzt
und um an Tro(g) her alls derpatzt!
Selm, Micherl, pfüat dih und sei gscheit,
an Gruaß richt aus va d' Vaterleut."

Wallfahrtn geihn

Zwoa Handlerfreund sän beichtn gwen;
's hat Noat taun gmua, hätt längst müan sein,
aniader kniat, studiert und roat't
frei bald a Stund in Beichtstuhl drein.

Der Pater lost geduldi zua
und macht sih bald as rechte Bild:
Er mauhnt und greint, er hofft und bet't,
daß sih koan Toadsünd donistiehlt.

Der Rosnkranz greift weit nit aun.
A Wallfahrt, hoaßt's, wa' d' rechte Buaß,
Heilbrunn hätt Kirta, na, nix fahrn,
der Sünder büaßt sein Schuld brav z'Fuaß.

Und daß d' vermoante Wallfahrt nit
a ganz kommoder Ausflug wird,
und sölcherweis die Buaß am End
aft nix mehr va der Moanung gspürt,

faßt jeder Sünder vuller Reu
an Bucklkorb mit Äpfl vull,
wo s' in Gebirg koan' Obstbam gibb,
tuat so a Buaß ja dopplt wuhl.

Almosn, Fastn und Gebet,
schö Müah und Pein geduldi tragn,
se sulltn nar in Mesner gleih
ums tiafste Opferstöckl fragn.

Und richti scha, in oan' Tag drauf,
da stachln zwoa in Noantschgrabm zua,
ban Kreuzwirt drein, da schaut der oan
scho hanti wiar a Pechölkrua(g).

„Kopf hoch, mein alter Handlergspaun,
der Ablaß wart't scho hintern Wald“,
so tröst't der andere in oan',
derweil der über d' Wurzn fallt.

„Zan Gugaz“, jammert hiatz der oan,
„wia kimp hiatz des, daß du nix sagst,
brennt dir selm richti noh koa Fuaß,
weilsd' nit was jammerst oder klagst?“

„Mir brennt nit viel, wennsd' mih grad fragst,
mih druckt nix, zwickt nix, tuat nix weh;
und dennah fürcht ih mih akrat,
daß ih hiatz frisch a Sünd begeh:

Dein Korb is mir zan Bachl gfalln,
wiasd' Wald bist zua in Dauerlauf;
drauf han ih husi Stoan einklaubb
und meine etla Apferln drauf.

Gelt, druckt dein Körbl? Meins is laar,
und schwitz wia du in derer Sunn,
han ah koan' Rock mit und koan Geld,
für dih wird's teuer in Heilbrunn.

Und weil mir grad van Zahln scho redn:
Dein Bürgschaft wird ah roglih werdn,
ih mach Konkurs, hiatz packn s' dih,
du woaßt, ih red van Geld nit gern.

Heilbrunner Muatter, Gnadnsaal,
mein Freund is eh a guater Narr,
verhilf eahm so viel Nächstnliab,
daß ih mir d' meine leicht derspar.“

Visitation

In d' Oanschichtschul auf Sunnbergleitn kimmb
der Bischof nachschaun, ob alls richti stimmb
mit Gsang, Gebet und mit der Kirchnlehr –
Scho sitzn d' Schuler frumm wia d' Lammberln her.

„Der Glaube", sagg er, „der ist Christenpflicht!
Der Herr Kaplan erteilt euch Unterricht;
ich weiß, wie vieles er euch lehrt und nennt,
nun laßt mich hören, was ihr wißt und könnt."

Die Zehn Gebote sitzn grauslih schlecht,
daß krat der Kateket versinken möcht;
die Exzellenz lost scharf, hat d' Händ verschränkt,
und wart't, bis ah der Allerdummste denkt.

Und vull zan Unglück wachst des große Pech,
ma hört koan Wort, koan Finger geht auf d' Höch;
es is so kirchnstill wia ehnter grad,
ehvor Gottvater d' Eva gschaffm hat.

Scho roat't in seiner Pein der Kateket:
„Wenn ih na hiatz oan Wörtl z'redn hätt,
ih fragert, wia's der liabe Gott hat g'richt
mit derer Rippm in der Schöpfungsgschicht."

Und krat hätt's eahm bald d' Red verschlagn,
wia er in Bischof hört verzweiflt sagn:
„Nun fragen Sie die stumme Schülerschar,
wie's damals mit den ersten Menschen war."

„Du große Gnad!" denkt eahm der Herr Kaplaun
und strahlt, erlöst, vorzua in Hanserl aun,
der woaß d' „Erschaffung" vo der Christnlehr
und sagg s' in Bischof gwiß schö ranti her …

„Erzähl, wie Gott des Adams Ri..Ri..ppe nahm,
und wie's zur Schaffung der, na, E... dann kam."
„Des woaß ih nit", behaupp der Bua verstört,
„ih denk, des han ih ja noh gar nia ghört;

ah wuhl! Hiatz fallt's ma ein", moant 's Hanserl stad,
„mir deucht, es hat sih um a Rippm draht."
„Na, endlich! Was fing Gott, der Vater, damit an?"
„Der liabe Gott hat s' a(b)gnagg, Herr Kaplan."

Der Weltuntergang

(Frei nach ähnlicher alter Überlieferung)

Derkemmen springg d' Schalkin va d' Nachbarn daher:
„In Gotts willn!“ schreit s' laut durchn Anger, „heunt kimp
a Malär!
Ban Brosl ent betn s', ban Lippm toan s' rehrn,
was wird denn in Gottsnam mit ins heunt um zehne alls wern?“

Der Schalk will grad außi ums Küahfuatter fahrn,
und hat nit recht Zeit für an aunbrenntn
Tratschweiberschmarrn.
„Und du plärrst leicht ah?“ fragg er zruckher van Stall,
„laß s' betn und rehrn“, moant er, „d' Leut spinnen richti
scho all.“

„Hiatz, Flurl, los guat, weil ih will mehr koan' Zank,
um zehne auf d' Nacht is heunt pünktlih der Weltuntergang!
Zwein ganz gscheite Weibertn ham's grad derzählt,
Jehova warn s', glab ih, de kennen sih aus auf der Welt.
Weil d' Leut scho so schlecht warn, daß's schlechter nit geht,
drum kimp va der Milchstraßn oacher a Riesnkomet,
der d' Weltkugl trafert, so pfeilgrad genau,
daß nix mehr was hulfert, ah nit amal d' himmlische Frau.
Wenn der auf ins herfliagg, selm ham mar 'n Scher(b)m auf,
der zreißert ins d' Hüttn, und all gehn mar stantapee drauf –

Verzeich's, Flurl, daß ih halt krat dann und wann
an fescheren Maunnleut ban Pfarrkirta zuablinzlt han ...
Ih han mar's grad vürgnomm, daß ih dir's gleih beicht,
schau, Flurl, muaßt nit eppa denkn, des fallert mar leicht.
Und daßd' va die Deandln der Stiaftati bist,
gelt, Flurl, des hast in der Ghoam am End selmer scho gwißt;
schau d' Nannerl und d' Fannerl aun: nit was a Gscher,
und eahner so blitzsaubers Gsichtl, wo hättn s' des her?

Hiatz kränk dih nit weiter und nimm's nit gar z'hart,
vorn A(b)roasn hilft ah an Sünder 's bekennende Wort,
und eh's in Kometn draußt zreißt vor der Gredn,
verzeich mar's ah, Florian, daß ih so zwider bin gwedn,
daß's mar ent in der Ewigkeit nit so viel schadt,
ih find aft für dih scho gwiß ah a guats Wort
    ban lia(b)m Gott."

De Red nimp 'n Schalkn hiatz richti sein' Muat.
Da muaß scho was draun sein, wenn d' Resl nit wettert
    und burrt.
Wenn's allweil so bleibert, Bua, des war was wert,
des gabert a ruahgabigs Hausn, so wia sih's halt ghört.
Was nutzt aber 's Roatn und Umersimliern?
Is eh scho alls z'spat, und wen hilft 's Auseinanddividiern?

Wia guat oan' des tuat in der bitterstn Stund:
Ma(n) hat sih ban Wirt – Gott sei Dank – seine Viertln
    vergunnt!
Is gach ah was gwedn, was halt d' Resi nit woaß,
wenn eh scho alls gfahltgeht, selm muaß sih's nit hörn
    vor der Roas.

„Ih Gimpl han gestern fest Kunstdünger zahlt,
ih därf nit draun denkn, wia tiaf hiatz der Schilling bald fallt,
und grad fallt's mar ein und es hebb mih aun z'wüagn,
van Obsthandler hätt ih noh 's mehrere Äpflgeld z'kriagn!"

Ehvor d' Res in Stübl ihr Sterbgwandl findt,
und still draußt aum Kuchltisch d' neuggweichte Hauskirzn
    brinnt,
is längst scho der Flurl in Mostkeller drein,
wo d' Fasser brav wartn und d' hoamlichn Flaschln mit Wein.
Is richti alls hin, um sein' Wein war's doh schad;
wia guat, daß er lang her scho rechtzeiti vüridenkt hat!
Er lerpert und kudert und köpft in sein' Durscht
oan Flaschl ums oan und der Riesnkomet is eahm Wurscht.
Wer woaß's, was ban Trunk sih in Himml aft tuat,
es hoaßt ja, es wa' scho in Pfarrer sein Meßwein nix guat –

Was Schlechts hat der Flurl nia hinteriglegg,
und gern bracht er derentwegn ’s Noagl Veltliner noh weg,
aber z’spat is’s! Scho oachlt’s’n hin zan Statin –
So, Flurl, pfüat Gott hiatz, dein buglerte Welt fahrt dahin;
der Mostkeller draht sih, fliagn d’ Faßln daher?
„Verboanter Komet!“ lallt er vürer und – woaß va nix mehr.

Der Weltraum is weit und es funketzt und fluckt,
und hoch zwischn d’ Stern durchi sumpert a Hirn wia verruckt,
und bums! a Raketn, so schlank wiar a Fisch,
ja, doh epper nit a Butelln her van wacklertn Tisch …

„Wo bin ih?“ In Flurl durchzuckt’s auf der Stell:
„Du heiliger Florian, bin ih scho drein in der Höll?
Wo is selm der Ganggerl? Verlias ih ’n Verstand?
Ja, bringg des verfluachte Kometnviech alls durcheinand?“

Es fippert und’s reißt’n: Is’s d’ Seel, is’s der Leib?
Saukalt is’s, pritschnaß, aber los is er glücklih sein Weib!
Frei warm wird eahm einwendi, ’s deucht’n für gwiß,
er is auf der Durchroas ins ewige Seelnparadies.

Wia der Hauhn kraht, suacht d’ Res ihrn verlurgratnen Maunn
und hat gstattn Sterbgwandl ’s knialanke Nachthemad aun.
Des matte Battriefunzerl spart mitn Liacht,
die Kellertür kreißt, wia der eiskalte Wind einerziacht;
ka(u)m blinzlt der Flurl, verschlagg’s eahm as Wort:
Vor eahm steht a Engl – mehr rund – in a blüahweißn Pfoad!
Der Flurl springg auf und es beutlt’n a(b):
„O heiliger Petrus, mein Alte, is de ah schon da?“

„Ah freilih wuhl, Freunderl, bist noh nit bald niacht?
Der sauft wiar a Ochs, derweil ih in Kometn z’Toad fürcht!
Und mirk dir’s, dein’ Himml, den wirst noh derlebm,
dein Petrus bin ih! Hast verstandn? Dir wer(d) ih’s noh gebm!“

Und’s is halt akrat nit die gulderne Stiagn,
wo ’s Engerl in Flurl sein Seel möcht zan Himml hochziagn,
und ’s Engerl woaß viel, aber dennah noh z’weng:
Die Seel hat gmua Vorrat für weitere Weltuntergäng …

Hoamatroman

Die bestn Acker brach und braun.
Der Gugaz schreit, as Viech is graun.

Schaut her, is doh a Wahrheit draun:
Der Bauer tuat der Dirn nachschaun.

Die Bäurin – uhne Liab und Lauhn –
und einipfercht in Müah und Gwauhn,
verricht't verlorn ihrn Daunderlaun.

Wer fragg danach, wia s' ma(g) und kaunn?
Wer gsiacht s' denn rehrn van Herd hindaun?
Sie woaß doh längst, ihrn oagnen Maunn
därf s' ah ban schiachstn Mensch nit traun.

Die Nachbarin, de denkt sih: „Naun,
mir scheint, ah d' neuge Dirn wachst aun;
des gsiacht a Blinder übern Zaun."

Hat sih am End ban Kornaunbaun
Der Nachbar ent ban Saan vertaun?

Ma(g) d' Lug sih windn wiar a Fauhn,
Die Zeit is gnadlos bar ihr Gschlaun.

Die Bäurin krank, die Dirn davaun,
und kloanlaut kraht aum Mist der Hauhn.

Wird d' Nachbarin wuhl zuwerschaun?

Glacéhandschuach

Auf die Brandluckn, unweit va Heilbrunn in der Oststeier, sän seinerzeit scho immer bakloan Weizer Ausflügler auferkemmen, tüchtige Wanderer mitn Rucksackl, gmüatlih einer van Zetz über Eibisberg, Schöns Kreuz, Langhulz, oder ah inther durchs Weiztal, aufer va der Granitz.

Mitn Auto sän selm, in die früahrn dreißger Jahr, die Ausflugsgäst mehr klua(g) gwen, hier und da Grazer oder etla Weizer Bürger, wenn s' a Spritzfahrt habm gmacht zan Autoausprobiern aufm schmaln schlechtn Gmeindestraßl, und so nebmbei ah auf a zünftige Bauernjausn auf der Brandluckn oder in Heilbrunn.

Bua los, a Auto herobm auf der Brandluckn, 's selbe is scho was gwen!

Sitzn richti auf an Samstanomittag, Ende Juli, eahner a drei gstandne Mannsbilder, mehr stadtmaßi beinand, ban Joglwirt, wia's ban heuntign Unterberger selm ghoaßn hat, und lerpern recht kommod dahin, rachn aniader a Vitschina, blasn sih gegnseiti in Rach vors Gsicht, dischgriern bakloan und politisiern, wia's selm ah scho fest in Mode is gwen, derweil 's neuge Auto draußt in der Sunn vor d' neugiering Leut funketzt va lauter Lack und Chrom.

Dauert nit lang, kemmen drei Brandluckner Bauernburschn, va der glättern Umgebung, in die Gaststubm einer, grüaßn recht aunständi und setzn sih, wia sih des für oanhoamische Gäst scho allweil ghört hat, seperat zan Nebmtisch.

„Naun, ös jungen Herrn, wollts euch net her zu uns setzn. Ös brauchts euch net fürchtn, wir beißn ja net." Die Einladung kamert bald a weng va obm aber, wia s' so der Herr mit die funklertn Glasaugn und sein' punkterlten Krawallmascherl vürbringg.

„De Herrn schaun ah nit gar bissi aus, ma gsiacht ba koan' an Beißkorb", moant der Zenzl a weng zach und bald a weng keck, „aber des kenn ih wuhl, daß de drei Herrn va Weiz kemmen."

„Da schaust her, derratn, derratn! Ganz und gar recht", gfreut sih der andere Herr mitn hellgrabm Knickerbockeranzug gleih, und sein brinnroate Krawattn leucht't, „ja, mir san va Weiz, va der Elinstadt Weiz."

„Und mir drei sän van Höhnluftkurort Brandluckn", gibb der kleanere, der Ferdl, schö resch z'versteihn, „gleih ober der Weltstadt Heilbrunn. Ah, des wuhl."

So kemmen s' aft ehzeit, wia s' all sechse um an Weizern ihrn Tisch beinanderhuckn, so bakloan va allerhand Sachn, teilweis ah recht witzi, zan roattn, und die Weizer Gäst wundern sih scho allweil mehr, daß's da herobm in der langweilign Oanschicht so rieglsame und blitzgscheite Burschn gibb. Ja, es is eahner ganz z'dumm, daß eahner de drei Buam koan Antwort schuldi bleibm. Ja mein, wia hättn's ah drei ortsfrembe Weizer Maunner wissn sulln, daß sih a Brandluckner ah ban Redn z'helfm woaß, nit just ban Aunsingen und Zuwipassn!

„Hiatz sagts amal, wia is des möglih, daß drei so gscheite Burschn, wia's ös seids, da in der gottverlassnen Gegnd, wo sih nit amal Fuchs und Has ‚guate Nacht' sagn, aushaltn", fragg der oane Weizer mitn flachn Spurtkappl und 'n bliahwerlweißn Pullover a weng feanlerisch.

„O Gott na, des stimp wuhl va weitn nit", belehrt'n gleih der Franzl, „mir habm da in Heilbrunn auf der Hochschul gstudiert, und da lernt ma nit just fürs Hirn. Insere Professer ham ins ah 's Theaterspieln, 's Musimachn und ah 's Singen beibracht. Drum habm ma(r) ah grad so viel Kultur, wia s' für ins paßt. Mir brauchn derentwegn wirklih nit gar weit donifahrn. Außerdem habm ma(r) vier Wirtshäuser, wo ma alls z'essn und trinkn, und zwein Kaufhäuser, wo ma alls z'ka(u)fm kriagg."

„O ja, mir kriagn in Heilbrunn als z'kafm, mehr wuhl wia in Weiz, 's selbe wuhl", kimp der Zenzl sein' Kumeradn gleih z'Hilf.

„Ja he, und was nit noh alls? Mein liabs Bürscherl, was hoaßt da ‚alls z'kafm', des gibbs nit amal in Weiz oder Graz. Nur nit so gwalti auftischn, mein liaber junger Freund, des habm mir gar nix gern", schulmoastert der Herr mit die funklertn Glasaugn, und er is verlei dabei ban Harbwer(d)n.

„Wuhl, wuhl, da habm der Franzl und der Zenzl auf jedn Fall recht. Ban Wilfinger und ah ban Dampfhofer, int in Heilbrunn, kriagg ma scho allweil her alls z'kafm, das wissn da d' Leut all", springg der Ferdl gleih hilfreich ein, „meiner Seel, da geh ih wuhl jede Wett ein."

„Gilt!" schreit in selbm Augnblick der Glasaugerte, „mir wettn gleih fünf Liter Welschriesling und für jedn a zünftige Bauernjausn, der Wirt la(u)ft gratis mit. Eingschlagn! Des wern ma(r) gsehgn, was enkere Sprüch taugn. Und daß as gleih wißts, um was d' Wett geht: Mir wölln drei Paar Glacéhandschuach van Wilfinger-Kaufmann. Na, was saggs jetzt? Verschlagts euch wuhl a weng d' Red, han?"

„O Gott na, des paßt ja ganz guat, Kaffeehandschuach hat der Wilfinger ganz gwiß", moant drauf der Ferdl und denkt dabei nach, was das wuhl für ausgfallne Handschuach sein kunntn. Zan Teuxl eini, Kaffeehandschuach? Na, de kennt er ums Verreckn nit. Und wiar er seine Gspan verstuhln und hilflos aunschaut, wird er's inne, daß's de zwein ah d' Red verschlagn hat.

Natürlih hat hiatz d' Wett gultn. Alle sechse foahrn s' in nobln offnen Spurtwagn den Katznsprung abi zan Wilfinger in d' Weltstadt Heilbrunn, und de drei Brandluckner is's nit ganz wuhl gwen auf derer Spritzfahrt, vorbei ban Friedhof. Auf gar viel habm s' ba der Wett scho schadnfroh denkt: Dreikreuzerfeitl, Bauchwehtee, Hasnfettn, Schuachösn, Betnkreuzln, Lausstupp, Piccolofotzhobl, Iltisgift und was's bar an Dorfgreißler noh für ausgfallne Sachn für d' wunderlichstn Kaufwünsch gibb, aber Kaffeehandschuach? Du saggeradie eini, heunt is's miglah, daß's gfahltgeht. Bitt gar schö, heilige Heilbrunner-Muatter, du Gnadnsaal, steh ins bei, drein ban Wilfinger!

„Grüß Gott, meine Herrn. Was därf's sein? Ja, was S' net sagn, jetzt um de Jahreszeit hättn S' gern Glacéhandschuh? Wissn Sie, das is halt ein Artikl, der bei uns in Heilbrunn überhaupt schon lang nicht mehr verlangt wordn is. Geltn S', so was geht ja nur in den größern Ortn. Die Bauern und Holzknecht brauchn so was ja nicht, wir habm ja auch keine anspruchsvolln Bälle. In Weiz, zum Beispiel, is das schon ganz was anders. Was habm die Herrn denn, bitt schön, für eine Handgröße?"

Und treuherzi und ganz zu Dienstn schaut der kloane weißgschopferte Kaufmann Anton Wilfinger za die drei nobln Herrn auf, wia s' eahm, oaner nachn andern, die Handschuachgrößn aungebm, und er kraxlt wiar a Wieserl auf der lankn Stehloater aufi bis za letztn Stellasch intern Plafon und ziacht drei feinverzierte Schachtln vürer.

„Sie können mir's glaubm, verehrte Herrn, Sie werdn mit der altn, aber ausgezeichnetn Qualität mehr als zufriedn sein. Sie is wirklich vom Feinstn", lobb der brave Kaufmaunn noh sein Seltnheitswar', wiar er bedächti – die drei Schachteln intern Arm – va der Loater aufn Fuaßbodn abersteigg. „Sie habm übrigns a Glück ghabt, es warn die letztn Paare."

Wia sull's a zfriedner Kaufmaunn ban Kassaklingln wahrnehmen, daß sechs Gsichter ihr Farb gwechslt habm und sih drei Brandluckner Bauernbuam, uhne was z'kafm, glückseli intern Hüatl zuaschmunzln? Er gfreut sih ja grad selber z'narrisch, daß er drei guat zwoanzgjahrige Ladnhüater um an guatn Preis aunbracht hat. O mein, wia so a Türglöckerl auf oanmal silberhell klingg, wenn so unverhoffte zfriedne Kundschaftn in Ladn verlassn. „Beehrn Sie mich bald wieder, meine Herrn! Und nochmals verbindlichstn Dank."

Und ah der Unterbergerwirt, der Jogl, hat vuller Freud und nit weng stulz auf die Wettsieger, Kristallweingläser hertragn und a primaguats Hausgselchts mit an neubachnen Bauernbrot aufn feindecktn Tisch stelln lassn. Wiar er mit sein' bestn Tröpfl van Keller auferkemmen is, hat er, recht bedeutsam, za seine sechs Gäst gmoant: „Es muaß alls a weng zsammpassn: Mein Wirtin und ih kinnen ja doh koan Armenleutkost aufn Tisch stelln, wenn insere besseren Gäst ban Essn Glacéhandschuach tragn."

Steirisch

Ih han halt allmal wiader richtiwahr mein Freud,
derfrag ih, woaß wo umer, rechte Steirerleut:
ban Werkn gwegn und rühri, ba Gsang und Klang beinand,
wia's Brauch is da im weiß-grean' Land.
Die Berg vuller Wald und die Büchl vull Wein,
kimmst wo der wöll hin, is's guat hausn und sein!
Ja, in mein' grean' Steirerland, da bin ih gern dahoam,
neamb kunnt mar's, meiner Seel, wo besser moan',
und wenn ih d' Landsleut still betracht mit eahnern gradn Sinn,
aft dank ih halt mein' Herrgott oft, daß ih a Steirer bin.

Fliagst lusti aus in d' Welt, ins laute Lebm vernarrt,
o mein, du roatst scho zruckhoam, is 's Brot noh kam verdorrt!
Mih lockt koan Tram van Glück aus meiner Hoamat fuat,
mir gfallt's dahoam ja oanmal z'guat.
Und gangert mih richti der Überdruß aun,
der Koglwind blasert'n auf und davaun!
Wann ih obm ban erschtn Guld die junge Liachtn gspür,
die Gipfl glosn wia ban Stoan die Blüah,
mein Land erwacht und auferlacht, daß ih vor Liab verbrinn',
aft dank ih halt mein' Herrgott gern, daß ih a Steirer bin.

Warst wer der wöll und kamerst aus an andern Land,
und warst ba d' Leut ah hoakli, an Steirer druckst die Hand.
Ja, tragst amal sein Gwandl und singst amal sein Liad,
aft woaßt es, wia oans Steirer wird.
Und wulletzt hoch drüber ban Dreidulio,
selm gang dir zan Steirersein krat nix mehr a(b)
wia halt doh sel' Muatterlaut, der s' Kin(d) ban Heidln gfreut,
wenn d' Hoamat herzt mit d' jüngstn Steirerleut –
Daß s' lauter guate Menschn wer(d)n, mit Herz und gradn Sinn:
Ih bitt dih, liaber Herrgott, drum, weil ih a Steirer bin.

Neunkirchn fahrn

Wia ma selm – nachn Kriag – vo insere Befreier noh streng besetzt gwen sän, war 's Weiterwohinfahrn nit ganz oanfach. Der Buachstoaner-Peter hat mit sein' luftign Taxi scho hier und da oan' wo weiter donigführt. Auf an ausgmustertn Mülitärjeep hat eahm der Broatnberger-Wastl an Bretterverschlag draufzimmert und etla ghoblte Pfostn zan Sitzn zuwigschrauft. In Winter war des Zeugl mehr a Kühltruchn auf Radln als wiar a Taxi. Aber d' Leut sän selm ah va weitn nit so hoaklih gwen wia heunt.

„Besser schlecht gfahrn wia uhne Schuach schlecht gangen", hat der Taxler-Peter seine Fahrgäst tröst't, wenn's auf de durchschnittlih schlechtn Straßn grumplt hat wia in oaner Schottermühl.

Oanst in Winter – es muaß in 48er Jahr gwen sein – hat der Dörfler-Toni, a gstandner Bauernsuhn, stantapee za da Miasl-Tant auf Neunkirchn außi müassn. In der russischn Zone is's 'n Leutn ja selm viel schlechter gangen wia herenter der Grenz. Und so hat der Dörfler-Vater Glabm ghabb, er müaßt seiner Schwester mitn Toni doh amal etla Schilling zuakemmen lassn. 's Geld is selm ban Dörfler nix klua(g) gwen, halt ah so mitn Schwarzbrennen und Handln. Ah ja, mit sowas is nachn Kriag scho was zan Zuwerbringen gwen, natürlih schö gwegn hint umi.

's Führerscheinmachn hat's 'n Toni nit extra guat taun. Die Prüafer sän scho zwoamal um halbwegs was gscheiter gwen wia er, und nit amal a Doppler Zweschbmschnaps hat dabei aungriffm. Ja, und aufs Autofahrn uhne Führerschein habm scho selm d' Gendarm nit viel ghaltn. So is halt aft der Taxler-Peter z'Schmiß kemmen, außi auf Neunkirchn, a Stuck vor Weaner Neustadt. Der hat in Steirischn guat ausgwißt und is ah scho etligsmal umikemmen übern Semmering ins Österreichische.

Nachn Fruahstuck sän s' as aft aungangen allzwein, der Peter und der Toni. Aufn verschniebnen Semmering warn bald mehr Russn gwen wia Bam. De habm am End a Manöver ghabb oder sän gar scho zan Kria(g) grechtlt gwen. Mülitärauto sän kemmen und furtgfahrn vuller Soldotn mit Maschinenpistuln.

„Gott sei Dank, daß's mit insere Ausweis gstimp hat", hat sih der Peter nachn Schlagbam hörn lassn, „de Gimpl schickertn oan' auf ja und na auf Sibirien."

„Ja, dös wuhl", hat der Toni gmoant, „dahoam in der Schnapshüttn war's mit sölchte Gsölln leichter a(b)kemmen, wenn ma eahner früah gmua die Puschka wegnahmert."

Auf de Red hin habm s' allzwein, weil eahner doh a weng leichter gschehgn is, a gröbers Schnüpfl ausn Toni sein' Flaschl gnommen und ah die Maria-Schutzer Himmlmuatter mithochlebm lassn und hoamlih um an weitern Beistand bitt, wia s' ihr schöne Kirchn dersehgn habm.

Int in Gloggnitz is va der Payerbacher Seitn her – auf der schneeglätting Straßn – auf die Gach a völli zuagwahts Personenauto zuwergschossn, weit mehr grutscht als wia gfahrn. Ums Haar hat der Peter noh derbremsn mögn, obwuhl sein Gfriertruchn ah wiar a Schlittn dahingrodlt is. Durch d' vereiste Scheibm hat er doh so viel dersehgn, daß's ban oan' ah guat ausgangen is. Der Toni hat auf den Schrockn hin freilih alloan an Schluck nehmen müassn, weil der Peter d' Straßn gach immer gar nit dersehgn hat. Gegen Neunkirchn zua hat der Stoanfelderwind dicke Wulkn va Schnee vor eahner hergwaht, und recht fleißi hat der Beifahrer mitn Taschnfeitl d' Scheibm a(b)gschablt und mit an Fetzn klargwischt, daß s' glaberst außigsehgn habm.

Ja, Himmlseitn eini, was treibb denn der Fahrer in den zuagwahten Kachl da vorn? Ja freilih, des is ja der Rodler va Gloggnitz, der koan Rechtsregl kennt! Wia is denn der Gischpl ba der Fahrprüafung durchkemmen? Der fahrt freiweg zickzack wiar a Torläufer und braucht die ganze vereiste Straßn! Der ghörert sofort aunzeigg. Und hast nit gsehgn, krat hätt's bald den Unschuldign derwischt, ent auf der andern Straßnseitn. In der Schneegwahn hat er sih grad noh derfangen.

Auf de Gemeinheit und Aufregung hin braucht der Toni an festn Schluck. Gibb's überhaup noh a Gerechtigkeit auf der Welt? Er, der Dörfler-Toni, a tüchtiger Wirtschaftsmensch, fallt bei der Führerscheinprüafung und so a Plutzer kimp durch!

Natürlih kaunn der Latzitreiber da vorn des alls nit wissn, aber er braucht noh allweil die ganze Straßn, und 's Überhuln is viel z'gfährlih. Der Peter muaß schö stad und gwegn hint nachi, und der Toni nebm fluacht und ballt d' Fäust, schnalzt mit der Zung und beutlt zurni in Kopf.

Drein in Neunkirchn zoagg die Ampl auf Rot. In letztn Augnblick kimp des Narrnauto vor eahner, scho a weng drein in der Kreuzung, zan Steihn. Und eh s' noh selber zan Aunhaltn kemmen, is der Toni scho draußt in der Kältn, rennt vüri, trummlt wiar a Wilder auf d' verfrorne Scheibm, reißt d' Autotür auf, daß eahm sein Steirerhuat übern Ruckn in Schnee kuglt. „Vulltodl, gib dein' Führerschein a(b)", schreit er zan Schafför eini, eh'n noh der Schreckn in alle Glieder fahrt. Und wia eahm der feuchte Wodkadampf entgegnnebelt, steht der Toni scho kirzngrad her, habt acht, die rechte Hand hoch zan mülitärischn Gruaß.

„Heil Moskau! Heil Stalin!" hört er sih goggetzn, „Ruski viel dobre!", und er deut't auf den ganzn Fluach Ordn und Medailln, de er auf a Heldnbrust dersiacht, und de an hochn rotgsichtertn russischn General ghört, der ebmsta aus sein' Dusl schreckt und der'n mit weitaufgrissne Augn aunfunklt.

Mit der rechtn Hand grüaßt er allweil noh stramm, der Toni, wiar er mit der linkn die Tür wiader schö gwegn zuadruckt. „Nix für unguat, 's is eh guat gmoant", sagg er noh, scho mehr für eahm selber, wia za sein' großn Glück die Ampl grean wird.

Und noh bevor des vermaledeite Russnauto enter der Kreuzung wiader aunhalt und sih zwoa braune Gstaltn umständlih außerwutzln, um eahnere Maschinenpistuln greifm und laut „stoj! Shdi menja!" plärrn, is der Toni – wuhl uhne Huat, aber dafür hell nüacht – va sein' Blitzausflug zruck und se biagn scharf rechts umi und links doni, teufln durch a Hofeinfahrt und hörn's allweil noh krachn, wia s' var a a(b)gwahtn Wiesn durch a Zäunl auf a schmals Seitnstraßl einbiagn.

Du Teuxl eini, da muaß irgendwas nit recht paßt habm, drum nix wia fuat! Ban erschtn Bauernhof hinter an Waldl fahrn s' gleih stallzua und parkn a guate Stund lang hintern großn Misthaufm.

„Du Narr du", hat der Peter aft endlih gmoant, „hiatz hoaßt's anderscht aufpassn. Was is denn dir da für a Bledsinn eingfalln, Toni, han? Mein Taxi is ja leicht wiader zan derkennen. Ih bild ma's völli ein, der Iwan suacht ins eh scho in ganz Niederösterreich. Das kaunn noh saudumm hergeihn."

Ja mein, und sölcherweis is's mitn steirischn Bsuach ba der Miasl-Tant z' Neunkirchn nit mehr gar weit hergwen, obwuhl er scho mit der Nasn ba ihr aungstandn is.

Auf etla Umwe(g) sän die zwoa Ausflügler aft schö gwahri hoamzuagfahrn, habm allweil bakloan in Rückspiagl gschaut, ob nit eppa gach d' Rote Armee hinter eahner auftaucht. Erscht in Maria Schutz habm s' eahner Noagl Obstler bedächti teilt, aft ban Kirchnwirt eahner Jausn zan Tee dazuagessn. In der Wallfahrtskirchn habm s' ganz frumm um a guate Weiterroas übern Semmering bet't.

„Ja, ös Narrn ös, an General därf ma nit roazn, und an russischn scho gar nit", hat der alte Dörfler-Vater de zwoa Heldn nach der guatn Hoamkunft belehrt. Und der hat scho gwißt, was er sagg. Der is erscht in zwoanzger Jahr van oan' Kria(g) hoamkemmen. Aus Sibirien.

Der Lipp und sein Resl

Und sein tuat's a ruahgabigs Maunndl,
der Hauberger-Lipp, wer'n so kennt;
just sein Resl, de aunbrennte Kaundl,
de führt eahm halt z'viel 's Regiment.

A Schand, wia de umgreint und poflt,
des halt' ahr a Maunnleut nit aus;
wenn a Weiberti allweil just schnoflt,
verscheucht s' gar 'in Hund ausn Haus.

Is nix zan dertoan und derratn,
auf alls drauf woaß s' ehzeit an Trumpf,
is ja selmer gmua frotsali gratn
und gach immer huhl wiar a Kumpf.

Koan End nia ban Keppln und Schnattern,
frei gleichfurt a Des und a Das,
und koan Gwand hätt s', just ausbloachte Hadern,
'in Lipp aber scherert's nit was.

Der hätt ja koan' Sinn für a Weibert,
der war' in sein Murkswerch vernarrt;
was der Surm in sein Werkstatt hint treibert,
dafür wissert s' richti koan Wort.

Und so greint s' ba d' Nachbarn ent weiter,
schö alls in die Breat und in d' Läng;
daß's der Lipp nit derfragg, is eh gscheiter,
sist warn eahm neun Häut ja noh z'weng.

Der Lipp is koan Lapp und koan Wippl,
weil er vorn Verdruß liaber weicht;
va sein Rentn verbraucht er koan' Dipl,
verdeant sih sein Säcklgeld leicht.

Er hat sih a Himmlreich gfundn,
sein Werkstattl is 's Paradies,
hat sih ehwuhl sein Lebba gmua gschundn,
so wia's halt ba kloane Leut is.

Just d' Resl wird's noh nit recht gweihni,
alloan is s' frei z'weng für an Streit:
's Paradies is vermacht, därf neamb eini,
sist brauchert er richti neun Häut.

A murds a Teuflwerch

Eh amal hat's ban heuntign Gasthof Bauernhofer auf der Brandluckn znachst Heilbrunn ban „Brosl“ ghoaßn. Selm is's natürlih wuhl noh a kleaners Ausflügler- und Bauernwirtshaus gwen, mit a halbwegs a Landwirtschaft dabei. Ja, und der Mentl, a weng a eignsinnigs und gach immeramal ah a wunderlihs, aber sist durchschnittlih a fleißigs Maunndl, war dout Haus- und Roßknecht.

Auf seine zwein Fuchsn hat er was ghaltn, vielleicht ah gar destwegn, weil s' eahner Fuhrwerch immeroanst ah in der Finster noh guat hoambracht ham, wenn eahner Schofför ah nit mehr ganz guat ausgwißt hat.

Ja, und wiar er selm 's Mehl hat aufergführt van Granitzer! Es muaß vorher a weng z'bagschieri zuagangen sein ban Auftankn in der Gaststubm, weil in oan' Tag drauf der stoanige Fahrweg van Grabm aufer, gegen die Brandluckn zua, stellnweis verdächti weiß gwen is, dafür aber d' Mehlbinkl so laar, daß die Broslin zan Knödlmachn ent in der Nachbarschaft, ban Unterberger, hat müan a Noagl Mehl z'leichnehmen. Natürlih kriagg oaner mit vulln Recht dahoam seine Putzer, wenn er in sein' Dusl d' Mehlsäck uhne zuabindn aufn Wagn schmeißt.

Den Mentl sän aft gach ah wiader murds gspoaßige Dummheitn eingfalln, wia selm oanst in der Gaststubm. Hat just an Alzerl dazua gfahlt, und die noble Frau Regierungsrat va Graz, de mit ihrn Herrn Ehegspan ban Brosl d' Summerfrisch verbracht hat, hätt eahm krat wegn an so an Blödsinn a saftige Flinsn verpaßt, weil sih der Narr va etla Heilbrunner Bauernburschn – um a Wett zar an Bussl hat auntodln lassn. Bua los, de hat'n was derzählt!

Ganz verdattert und mit an rotn Schädl hat er vor d' andern Gäst derer Predi a Randl zuaglost und aft is er, frei a weng gschami – oder gar a weng beleidigt? – aufgstandn und hat sih des unrechte Bussl halt wiader zruckghult. Über so viel Gwissnhaftigkeit – oder is's gar Dummheit gwen? – hat's der Frau Regierungsrat stantapee d' hantige Red verschlagn. Und's geht nit lang her, lachn sie und ihr Herr Gemahl laut mit d' andern Gäst mit. Se ham damit 'n armen Mentl wuhl ah gwiß sein Verrucktheit verziechn. Dennah aber is den Gischpl selmer ah allweil wiader a Unsinn eingfalln, daß's was zan lachn gebm hat.

Oanst aber is's freilih a weng dicker über eahm kemmen. Du, haggeralent, des war eahm bald urndlih gegn sein' Hamur gangen!

Es hat'n scho in ganzn Nomittag ban Blochführn bakloan gfuchst und gach drauf halt ganz feindsali groazt.

Zerscht is eahm ban Zsammroatln die Kettn a(b)brochn, an Eichtl drauf a Ortscheitl, und aft ba der letztn Fuhr gar noh der Sapplstiel. Geht nit lang her, reißt's eahm allzwein Haxn aufn glätting Schnee z'gleich außi, daß er aufn Hintern pfeilgrad ins Jungmoaß abiteuxlt.

Na, na, liaber Mentl, as Fluachn und Scheltn alloan hat noh nia was ghulfm. Du muaßt dir halt doh was einfalln lassn, und des geht ban bedächtign Nachroatn ja weit kommoder wia ban fuchtin Umschussln und Scheltn. Was hilft's dir denn, wennsd' gifti zan hintern Schlittngrätta zuwitrittst, daßd' selmer an Plärrer machst, angstatt 's unschuldige Fuhrwerch?

Wia's aft aber dennah noh bakloan hoamzua weitergeht – es is ja scho halbwegs finster –, rutscht der hintere Hulzschlittn in a tiafe A(b)kehr eini, daß d' länkern Bloch hint aufn hochn Buckl zwischn die tiafm Loastn aufhuckn, und d' armen Roß aufm Eis koan' Vogltritt mehr weiterkemmen.

Na, Mentl, hiatz hilft mehr koan guats Zuaredn auf d' Roß, koan Fluachn und koan Jammern, und scho gar nit die Peitschn, zan Himmlfixlaudon eini!

So geht's halt aft her: Koan Menschnseel weit und broat für a Hilf, just rundumer der finstere Wald. Und derweil er mitn brochnen Sappl umständlih d' erschtn Kipfm roglihmachn will, weil d' länkern Bloch va der Fuhr abermüassn, übergacht 'n der oanlötige Wusl.

„Wenn's oan' Teufl gibb auf derer verdammtn Welt, selm sull er ma(r) hiatz auf der Stell z'Hilf kemmen!" so halletzt in Mentl sein zurniger Verzweiflungsschroach wildlaut und gottslästerlih – mittndrein in finstern Winterwald –, und er wirft in seiner Muatlosigkeit des Sapplglump weitmächti doni in die Dunklheit.

„Er is scho da!“ grölt in selbing Augnblick va hinther a tiafe rauche Stimm. Zwischn d’ Feichtn rieglt sih a großmächtiger kuhlschwarzer Wutzl, und a abscheulih hoasers Glachter broat’t sih wia ban Wildn Gjoad zwischn die Bam aus.

Du heilige Muatter Anna! So gach hat sih der Mentl die höllische Hilf freilih nit derhofft, und es bleibb eahm va lauter Schreckn frei ’s Herz steihn.

An lautn Schroach tuat er, Roß und Fuhrwerch laßt er in Stich und springg, so schnell’s seine zitterndn Schinkn dermachn mögn und so schnell er jeds Mal aufdersteihn ma(g), sooft’s’n umioachlt, Brandluckn zua, derweil as höllische Glachter hinter eahm allweil wenger zan hörn is.

Na, so derkemmen und armseli hat ’n Mentl sein Lebba her gwiß noh koaner gsehgn. Is der arme Narr hiatz am End gar übergschnapp?

„Der Teufl, der Teufl! De armen Roß, de armen Roß! Und zuadeckt sän s’ ah nit!“ lamatiert er in oan’ furt, wiar er frei uhne an Schnaufer in die Gaststubm tirklt.

Wia as Brosl-Leut – selmer recht derschreckt und ah scho a weng besorgg wegn an überfällign Fuhrwerch – nach oaner guatn halbm Stund zitzerlweis dahinterkemmen, was den Häufl Elend obm in Wald interkemmen is, hörn s’ allmiteinander a Schlittngläut zuwerkemmen und, auf a lauts „Brrrrr“ hin, draußt vorn Haus a Fuhrwerch haltn.

Kasbloach sitzt der Mentl in Herrgottswinkl ban großn Hausleuttisch und es reißt’n verlei wiader wia ’n Roatlkastn va der Granitzmühl. Wenn er sih schern möcht, rutschert er in liaberst intern Tisch abi, wia draußt aufm Labmbodn dumpfe, schware Schriatt za der Gaststubm zuwertrampm.

„An schön’ guatn Abmd wünscht enk der höllische Fuhrmaunn“, grüaßt a kuhlschwarzer Lotter, derweil er die Stubmtür hinter seiner halbwegs laut zuafalln laßt. Und a dopplts Buderl Obstler vertragert er gschwind, moant er, wegn der Verkühlung und ah gleih für a Aunzahlung zan Finderlauhn. Er hätt van Wald obm a herrnloses Blochfuhrwerch mitabergnommen, das ganz gwiß zan Haus her ghörert.

Der Mentl hat sih aft richti bakloan van irngstn Schreckn

derfangen, wiar er van Winkl außer 'n Birkfelder Rachfangkihrer derkennt hat, und gwiß in der Ghoam so gschamb, wia sih des für an Hegerling ghört, der alls in Stich laßt, ka(u)m daß der Ganggerl oanst amal wirklih hilfreich einspringg, wenn er so inständi drum aunghaltn wird.

Ah, freilih, ausspannen und d' Roß einstelln hat der Mentl wuhl noh därfm, ehvor er für d' höllische Hilf die fällign Buderln hat müassn springen lassn. A zünftigs Nachtmahl fürn Ruaßganggerl zar a schuldign Danksagung fürn Mentl sein Erlösung aus großer Not, ham barmherzi die Broslwirtsleut dazuaspendiert.

Du verflixt eini, aniads Teuflwerch bracht' halt uhne Teufl doh viel wenger Gscher und kamert obmdrauf weit billiger, hat der Brosl-Mentl allmal mehr kloanlaut zuagebm, wenn in der Gaststubm aft immer wiader gern amal d' Red aufs Roazn ba der Arbat oder gar aufs grobbarige Scheltn kemmen is, weil halt doh a murds Teuflwerch dabei außerkemmen kunnt.

Van Wasnberger-Hansl

Der Wasnberger-Hansl is scho weit über d' Achtzg außi, aber dennah noh a recht passabler Lotter. 's Toal Leut moan' freilih, weil er sein Lebba nia gheirat't hätt. „A Weiberti bringg nit zuwer, was s' verwirtschaft't", is allweil her sein Sprüchl gwen. 's Toal andre Leut moan', weil er auf seiner großn Wirtschaft so kleber lebb und sih nix vergunnt, obwuhl er in der Kassa gwiß an etlih Milli einliegn hätt. Ah ja, as selbe wurd scho stimmen, aber des alloan war's nit, moant der Schlosser-Tini – mehr a harber Autofahrer –, der Wasnberger wa' wuhl ah destwegn so gsund beinand, weil er seit d' erschtn fuchzger Jahr noh allweil mit sein' kloanverdepschtn la(u)chgrean' Steyr-Traktor dahinnaglert, mehrernteils alls mitn erschtn Gang, schö mittn auf der Straßn, auf und a(b) in weitn Steirerland. Ja, und weil er dabei ah in Hochsummer d' Schafwullhaubm tragert, abi über d' Loser, wegn an scharfm Fahrtwind, sel verstang sih.

Der Kreuzwirt-Vater aber moant, den Narrn wa' 's Hirn vertricknt und der Magn verdorrt und gwisser noh die Gurgl zlechsnt. Er wurd's scho gsehgn, as dicke End wa' ah scho auf der Paß mit an Darmverschluß. Und krat hoaßt's ah, der Mesner wissert koan Zeit mehr, daß der Wasnberger glaberst oan truckns Zehnerl hätt in Klinglbeutl taun, er lassert sih ban Betn nit amal van Herrgott störn. Ja, gar sein Pfeifm, hoaßt's, hätt scho Jahre mehr va koan' Tawak was gspürt.

Daß in Wasnberger nit so leicht was auskimp, 's selbe woaß ih selmer ah. Ih kenn sein Pfeifm ah scho seit an etlih vierzg recht lange Jahr. De is selm scho nit gar neug mehr gwen, wiar er 's hat derraunzn mögn van altn Steiner-Gidi. Und fürs Küah- und Kalblhaltn bis in Spathirscht außi hat er mir za selbing Zeit an Oachkatzerl mit an bosching Schwoaf versprochn. Er hat ma(r) nia koans bringen kinnen. Va lauter Biirbrocker und Prüglklauber, drein in seine Walder, sän de bravm Oacherln auf und davaun.

Ja, und grad aufs selbe Oacherl han ih wiader denkn müassn, wia der Hansl neulih is ba mir vorbeigfahrn mit sein' la(u)chgrean'

Oanzylinder-Traktor und an festn Hänger, vuller schöne Bauernäpfl, schö kommod berga(b) und grad aum Riegl vor der Schmalspurbahn, ’s Pfeiferl lusti drein in Maul, wuhl uhne Rach, und ’s Hüatl specki übers Zipflhäubl.

Hat am End grad ah auf mein Oacherl denkt, der Hansl, wiar er mih aft gach dersehgn hat, nach der Reid. Is’s’n eppa zwider gwen, daß ih scho seit die dreißger Jahr geduldi wart auf sein’ versprochnen Halterlohn? Oder hat’n sist was außibracht va sein’ gemüatling Daunderlaun?

O mein, was woaß scho inseroans, wiaso auf oanmal d’ Straßn a(b)kimp, krat van Hansl und sein Äpflfuhr? – Und abikracht sän s’ miteinander guat a fuchzehn Meter überndübern auf die Bahn.

„Um Gottes willn!“ scho schrein ma(r)’s zgleich, die Strunz-Maridl, de grad as Radl aufermartert übern Riegl, und ah ih. A weiße Wulkn Sta(u)b steigg aufer. „Hansl, bist gar eppa hin?“ lamatiert d’ Maridl nachi, und scho oachlts mih verdattert abi durch die Boschn, ma möcht ja rettn, was zan rettn is.

Da liegg des ganze Glump hiatz, kreuzverdraht und krat der Hansl interscht drein. Er tuat koan’ Riegler und koan’ Schinkler, ah koan’ Kreister und koan’ Schroach. Just der greane Traktor klempert weiter, schö kommod in erschtn Gang. „Aus und gar is’s“, sag ih sinndlih, „armer Teifl, häst a bessers End verdeant.“ Und so roat’ ih in mein’ Schrockn vüri, wann in Hans sein Leich wurd sein. Und rulldick kugln d’ halbfauln Äpfl, interscht va die Steign außer, aufn Schotter zwischn d’ Schmalspurgleis, daß ih ban Umeinanderschusseln ausrutsch und in Hax verstauch.

In Hansl – hätt aniader gmoant –, den hat der Ganggerl ghult. Und weit is’s gfahlt!

Bedächti is er vürergschloffm, außer zwischn d’ Hinterradln, hat die Pfeifm aufklaubb, einigsteckt ins Maul, scharf nohmal außergnomm’, genau betracht’t, weitmächti donigspiazlt und aft gleih murds granti gmoant: „Zan Deiga eini, richti is as Röhrl a(b). Hiatz hat’s mein Pfeifm ah derlodert. Und a neuge, denk ih, kost heunt halbwegs was.“

Der Büchsnschrank

Der alte, barterte Förschter Hintermoser, a versessner Freund va stilechte Jagdmöbl, hat ba oaner guatn Glegnheit an schön' oachernen Büchsnschrank ka(u)ft. „Meinersechs“, hat er gmoant zan Jager-Radl, „der is ma(r) in meiner Jagerstubm noh a(b)gangen“, wia'n der brave Bursch mit an ausglichnen Pritschnwagn van Bahnhof hat einergführt zan Forschthaus.

Der Kastn hätt freilih in erschtn Stock aufighört und nit vor d' Haustür hin.

„Der Herr Förschter braucht sih koane Sorgn drüber machn“, hat der Radl recht trostvoll und zuaversichtlih gmoant, „ih wia'n scho aufikriagn auf d' Höch.“

Und bevor der Herr Förschter noh a Wörtl vürerbringen ma(g), is der Kastn scho obm auf der endsbroatn Achsl, und der Radl will damit scharf ba der Haustür eini, der drahtn Treppm zua. Is sih de Gschicht ums steirische Maß nit ausgangen: D' Haustür is z'kloan gwen! Der Möbltrager stößt auf der Höch obm aun, zwickt sih seine massign Pratzn, laßt gstatt an Schroach an Huaster lang aus, und scho war's bald gschehgn gwen. A weng is er eh aufgfalln, der bleischware Büchsnschrank, auf d' intere Kantn, hätt gar nit viel gfahlt, war's'n am End scho gmua gwen. Springg nit akrat des lausige Türl auf und verklemmb sih ban Haustürstock? „Luader, verhexts“, ja, noh frei handsam druckt er's vürer, der Radl, derweil eahm scho die Gall auf d' Höch steigg.

Wiar er'n wiader aufnimp, in Schrank – des Teuxlwerch eh völli nit zan aungreifm – is er keck noh um a Trumm schwarer! Endlih hat er'n dreinghabb ba der Haustür.

„A(b)rastn, nix wia a(b)rastn“, kummadiern seine Gedankn zar eahm selber, „sist malärt's dih“, und scho roat't er's eahm aus, wiar er sih am bestn gstelln sull auf der gachzurnign Stiagn. „Umdrahn wiar ih mih und in Kastn mitn Ruckn stafflweis höcherhebm, kann nit extra was gschehgn dabei.“

Nachn viertn Staffl, zan Kruzimutzi eini, rinnt eahm scho der Schwitz bacherlweis ba d' Ohrwaschl vabei. Na, des hätt der

Jager-Radl nit für miglah ghaltn, daß eahm de Arbat so gar nit va der Hand will. Va lauter anstrengen druckt's eahm frei d' Adern außer. Ban Stiagnglander halt er sih aun und schnauft an Eichtl a(b). Just wird er's inne, daß sih de vermalideite Stiagn zar alln Überfluß vorn Kastn linkszua draht, da rennt der Fleischhacker-Pepi – er hat ban Vabeigeihn in Radl sein Kreistwerch derhört – ba der Tür einer und springg sein' Kumeradn hilfreich bei.

„Peperl, greif aun obere Seitn, schliaf vüri!" Des bringg er noh vürer und 's Kniazittern macht'n so kraftlos, daß'n höllisch angst wird.

„Auf geht's!" schreit obm der Pepi hinter der Stiagndrah, „ih nimm den Hundling gleih steiler, sist verzwickt er sih, a drahte Treppm is a Rabmviech!"

Weiter hat er nix mehr sagn brauchn, der Ghilf. An Dunnerer hat's gmacht wia ban Auferstehungsschiaßn. Drauf hat's noh a weng nachiknafflt, und all drei sän s' int glegn ba der Haustür: der Radl, der Büchsnschrank und obm drauf der Fleischhacker-Pepi.

Zerscht hat koaner viel asotaun. Der Radl is bloach wiar a Mehlwurm inter die Trümmer außerkralt, hat sih umandum a(b)griffm, ob er noh ganz is, hat sih umständlih aufgsetzt und hat langmächti ba der Tür außigschaut.

Der Pepi is inzwischn ausn zsammpudltn Kastn gstiegn, hat sih ehzeit derfangen va den damischen Schreckn, hat sein' Brummschädl, den er mit allzwoa Händ ghaltn hat, ganz desperat beutlt und 'n Radl halbwegs laut gfragg: „Todl oaner, was hast denn so gach nachgebm, wiar ih han aufghebb und aungschobm?"

Hiatz is in Jager-Radl erscht 's Liacht aufgangen. „Ochs, aunbrennter", schreit er, „der Kastn hätt ja aufi sulln!"

Und so habm in Förschter seine Gwiehr eahnern neugn Büchsnschrank nia z'kennen kriagg.

A Jagerliad

Wenn mir ins Biri gehngen, müaß ma zeitlih geihn,
aft sehgn mar hint in Kar die guatn Gamsn steihn,
und wenn va Wald und Schneid auf d' Alm her d' Hirschbrunft
schreit,
aft is die allerschönste Zeit.
Bald kehrn mar ein, ja, in die Brentlhüttn,
toan' das schwarze Reserl um a Fruahstuck bittn,
und bleibb in Biri drein 's Wetter weiter schö,
selm kinn mar unscheniert zan Pirschn einigeihn.

Wenn mir ins Biri gehngen, kunnt a Wetter kemm',
da kinnen Jagerleutln doh koan Dach mitnehm';
und inter d' Feichtn drein därfst gar nit umersteihn,
durt haut der Blitz in liaberst ein.
Drum kehrn mar ein, ja, in die Brentlhüttn,
toan' das schwarze Reserl um a Zuaflucht bittn;
'lacht wird ban Intersteihn 's Wetter wiader schö,
aft kinn mar unscheniert ins Biri einigeihn.

Wenn mir ins Biri gehngen, kunnt's an Stoanschlag ge(b)m,
da suachst dar gern a Platzl, möchst ja weiterle(b)m.
Du hoffst, derweilsd' guat schaust und dih weit höchertraust,
daß ja koan Mugl niedersaust.
Aft kehrn mar ein, ja, in die Brentlhüttn,
toan' das schwarze Reserl um an Enzian bittn;
und keit die Zithern fein und sän d' Liadln schö,
selm roat't koan Jager mehr aufs gache Weitergeihn.

Wenn mir ins Biri gehngen, is's die reinste Freud,
begreifts und gspürts des, bitt enk gar schö, liabe Leut!
Mir ham fürs Wild derweil, ins is koan Leitn z'steil,
mit sän halt Jager, Weidmannsheil!
So kehrn mar ein, ja, in die Brentlhüttn,
toan' das schwarze Reserl auf an Umtrunk bittn,
und mir ladn s' ein auf a Schlückl Wein,
aft kinn mar unscheniert van Biri hoamzuageihn.

Der Butterschreck

Die Gedankn sän mar scho vorn Schulschluß davaungflogn, aufi ins Gebirg, und es geistert mar scho der Almwind durchs Gmüat, und in d' Wachtram eini funkln in Sunnschein die Bergblumen, de grad in best ban Blüahn sän.

Ja, richt wenigstns d' notwendige Ausrüstung her, du Narr, dein Rucksack wart't scho, und in d' erschtn Ferientag' geht's los. Der Hans und der Karl wartn ja ah scho! Was für a Aufregung, was für a reine Vorfreud auf insre Bergfahrtn, zuwi za die sechzger Jahr!

Wia freudi so a Volkswagnkäfer dahinsumpert, wenn drei Bergnarrn dreinsitzn und d' Autoroas ins Salzburgische umigeht, durchs Ennstal auf Wagrain zua und eini ins Kloanarltal: Mir möchtn aufi zan Tappmkarsee, über d' Weißgruabmschartn umi zar Fischerhüttn, und in aller Früah, wenn's paßt, aufs Mosermandl, ent in d' Radstädter Tauern.

Weil mar jeder a fests Wimmerl mithabm, foahrn mar weit ins Kloanarltal hinteri bis zan Jagersee. Durt steign mar um auf insre oagnen Füaß und schwitzn, nach der Schwabalm, über den schönen Talschluß aufi bis zan Tappmkarsee. Auf der Weißgruabmschartn übergacht ins a grauslichs Dunnerwetter, daß mar am liabstn in a Mausloch schliafertn. Was hilft oan' da a Huat und a Wetterschutz, wenn's stundnlang weiterwaschlt? Naß bis auf d' Haut, kehrn ma ums Dusiwer(d)n dennah zfriedn ba der Fischerhüttn zua. Nar weg mit den nassn Zeug! Weg mitn Rucksack, schwar wia Blei, und gleih a weng kommodmachn mit die Patschn ban Tisch. 's Auspackn hat ja noh Zeit.

Der Kopf wird klarer bar an hoaßn Tee, und der Magn sull ruhig noh an Eichtl weiterknurrn. Wo kamert ma da hin, wenn der allweil der erste sein müaßt?

Am End war's desmal eh gscheiter, ma gangert uhne Nachtmahl schlafm: Der Hans is mit! Drei Klafter saglt er vor Mitternacht, gschnittn und gsamb, mitn Seitngatter. 's Vullgatter laßt er gern erscht nach Mitternacht außi um. Dabei ramb er an ganzn Blochplatz a(b).

Vorn Liegngeihn broat' ih mein' Proviant aufs Fensterbankl nebm mein' Bett. Es schadt gwiß nit, wenn 's Fuattertrüchl a frische Luft durchs offne Fenster kriagg. Und 'n Hans wird ah leichter gschehgn, wenn's weit offm bleibb.

Na, gsiachst, des paßt mar, hiatz liegg alls kommod da, van Taschnfeitl über Wurscht und Kas bis hin zan Weckn Brot, alls schö ausbroat't, wia sih des a Mannsbild einteilt, das van Haushalt weng versteht.

Ja, und daß ih's enk derzähl. Der Hans hat an ganzn Herrschaftswald auf sein' Vullgatter durchilassn. Der Karl und ih, mir habm des Werkerl allweil wiader a(b)gstellt. Nix hat's ghulfm! Ka(u)m is's a weng zan Steihn kemmen, is's va selber wiader g'la(u)fm, besser bald wia eh. 's Grablertwer(d)n in aller Herrgottsfrüah is wiar a Gottesgschenk. Nar außi va der Saglerstubm und nar ja koan Überstund!

Hans, auf d' Höch ah, Saglermoaster, stell dein' Akkurdbetrieb hiatz endlih a(b) und kimm zan Fruahstuck mit, abi in die Stubm.

Der erschte Blick ghört gleih 'n Fensterbankl. Na, na, da herobm stiehlt koan Mensch was. Alls noh liegg schö friedlih da, broat und übersichtlih.

Ja, Himmlseitn, han ih gestern ah den Riesnbutterstrietzl auspackt und gar nit wahrgnommen? Und so gelb is er, wia der guldene Heilignschein van Rupertus in insrer Ruaprechter Pfarrkirchn! So is's, wenn 's Weiberl halt amal 'n Bergsteigerrucksack zsammgrechtlt. Ma woaß's aft richti nit, was oan' auf der Höch alls überrascht.

Na, so an Butter habm ah meine Freund noh koaner gsehgn!

„Ja, sag amal, wo ka(u)fts denn ös 'n Butter? Aus der Molkerei kann der nit stammen, da schau her, meiner is dagegn der reinste Topfmneger", moant der Karl, betracht't den Strietzl und beutlt frei ungläubi 'n Kopf.

„Meiner Seel, der schaut wirklih recht passabl aus", lobb ah der Hans mein' safrangelbm Wunderbutter, „sän ma da am End um vieri in der Früah scho zan Butterstreichn eingladn?"

„Ja, selbstverständlih seids allzwoa eingladn. Ih alloan essert ja die ganze Wochn ba den Mugl. Aber wo die Meine den dergattert hat, des is mar selber noh a Rätsl. Leutln, auf geht's, laßts enk koaner bittn, der muaß weg, hiatz is er frisch. Ih möcht'n ja nit in der Hitz aufs Mosermandl tragn."

A hoaßer Tee aus der Thermosflaschn und a zünftigs Butterbrot! Fleißi greif mar alldrei zua, aber 's letzte Patzl Butter findt koan' Aunwert mehr und liegg frei trauri her drein in der rotn Dosn. Na, va mir aus, pack ih halt den Löfflvull in Gotts Nam wiader ein.

Die Stubmtür geht auf. A elendsgroßer Lackl, noh in Trainingsanzug, kimp in Tagraum einer.

„Murgn." Er schaut va seiner Höchn wiar a Habicht her auf jedn Tisch, wo ah scho Früahaufsteher ban Fruahstuck sitzn. „Entschuldign S', hat irgendwer va euch zuafällig a offne Dosn mit an Strietzl Butter gfundn? Wissn S', ih bin mit mein' Töchterl gestern erscht knapp vor Mitternacht in d' Hüttn kumma. Ih wullt net störn, drum hab ih im Lager drobmat ka Liacht mehr gmacht."

Aha, a Weaner, überleg ih so bei mir, 'n Schlaf noh dick in d' Augn, und scho andre Leut verdächtign ... Na, liaber Herr, mir kinnen Ihnen leider da nit helfm, mir habm da grad unser eigne Butter gessn, aber a kloans Patzl hätt mar noh. Sullt ma eahm des anbietn? Schad, daß er net ums Kennen frührer kemmen is.

„Wissen S', ih hab s' gestern in der Finster auf a Fensterbankl glegt, und jetzt in der Fruah, war s' auf anmal wegga. Dabei hab ih s' in der Nacht beim Mondliacht noh a paarmal deutlih gsehgn. Da muaß a Hüttngspenst unterwegs gwest sein, und des hat der ane Pelzer, der so penetrant gsaglt hat, und seine zwa Haberer, de eahm ständig malträtiert ham, garantiert mitsamt der Butter verscheucht. Mir ham ja ah miserabl gschlafm, mein Töchterl und ih."

Grad fangg mar der arme Maunn mit sein' Kind zan derbarmen aun, da gspür ih an Stupser intern Tisch. Der Hans schaut mih stichgrad aun, und derwal seine Augn hin aufs Butternoagl schwenkn, derschreckt mih a gacher Schroach.

„Hörts, ös drei Halunkn da, ös habts mein Butter gfladert und in stiller Eintracht inhaliert! Hörst, san dar des Pülcher, elendige! Mein Gattin hat s' eigns va unsern Purkersdorfer Sommerfrischlerbauern in zwarazwanzigstn Weaner Hieb einergholt. Ih wer(d) a totaler Noarr!"

Und er greift zwischn insre restlichn Fruahstucksleckerbissn aufn Tisch, nimp die große rote Butterdosn mit ihrn Noagerl Inhalt, halt s' mit allzwoa Händ, betracht't s' wehleidi, ziacht sein aufbrennte Stirn in Furchn und schaut an jedn va ins drei tiaf in d' Augn. Und bevor der Karl noh sein Teegschirrl a(b)setzt und auf de dramatische weanerische Einlag hin mit an stockfinstern Gsicht aus der Haut fahrt, is für mih der letzte Zweifl wia wegblasn: Jawuhl, des is sein Butter gwesn.

Wia sih des Trauerstückl weiter a(b)gspielt hat? Ih kaunn just oans sagn: Ih hätt's nit für möglih ghaltn, daß's so guat ausgeht!

Frei mitleidi schaun mih alle in der Stubm aun, wia ih, der Diabb, mein Unschuld beweisn will. Halt recht derkemmen gigetz ih mein Entschuldigung. Natürlih möcht ma sein Schuldigkeit gleih mit Geld begleichn.

„Na, na, mach dir nix draus", tröst mih der Bergkamerad mitn guatn Weanerherz, „aber de Butter kannst net derzahln. Na, ih will ah dein kasige Kramerbutter nit, waßt, a so a blache Salbm kriag ih ah da auf der Hüttn. Aber dein Vorratspackung Traubmzucker kaunnst mar spendiern fürs Töchterl. Sie waß noh gar nix va unsern erschtn freudign Bergerlebnis."

Ma sull's nit gla(u)bm, was Berggeher für an ausgfallnen Hamur habm. Fangen de Kerl nit, oaner nachn andern, z'lachn aun, lang und herzlih?

Natürlih habm ah meine zwoa Freund fleißi mitghaltn. Ja, und wia ih endlih wahrnimm, daß hinter mir ah scho der guatherzige Weaner fest ban Lachn is, geschiacht mar ah gleih leichter. Und weil ma zwischn d' Lacher nit ernst bleibm kaunn, han ih noh leicht aufghult, was ih zerscht versamb han.

Gar aufi aufs Mosermandl habm meine zwoa Gspaun allweil wiader kichert und sih nia recht derfangen.

„Hast eppa noh was Ungrechts in Rucksack? Selm her damit, bevor mar zruck in d' Hüttn kemmen. Wenn mar nohmal Schwierigkeitn kriagn, habm s' ins ban Krawattl", belehrt mih der Hans, der Älteste va ins drei, streng und wuhlmoahnend.

Ban Jausnen intern Gipflkreuz hat ins natürlih ah zar Wurscht der blasse Butter gschmeckt. Wia mar aber nach der Tour in d' vulle Fischerhüttn kemmen, zoagg inser Weaner Freund auf mih her und warnt alle Gäst, de natürlih längst alls wissn:

„Eh du um deine Butter flennst,
versteck sie gut vorm Hüttengspenst!
Da kommt es grad zur Tür herein,
drum, Leute, packt die Butter ein."

„Mir kaunn nix mehr passiern, Herr Butterschreck", ruaft a weißgschopferter Bergfex ausn Winkl, „ih hab mein Butter scho verspeist."

Nachn Nachtmahl habm mar ba an Versöhnungstrunk die Bergkameradschaft und natürlih ah 's Hüttngspenst hochlebm lassn und immer wieder amal a Gstanzl dicht't:

„Wenn d' Weaner ihr Butter
vorn Schlafm verlegn,
aft is's ah koan Wunder,
wenn s' d' Steirer gern mögn."

Aber ah zur Beherzigung für mih selber und als guatn Vorsatz für alle weitern Bergfahrtn:

„Mein' Bergrucksack pack ih
nur selber mehr ein,
ih möcht auf koan Hüttn
der Butterschreck sein."

Wia's heunt halt so is

Zwei Augen zum Sehen und Schauen:
Da darf man als Mensch bisweilen
eines oder sogar beide zudrücken.
Für die übrige Zeit ist es ratsam,
sie offen zu halten.

E. K.

Zeitnwandl

Wer hört noh an Drischltakt her vo die Dörfer?
Wer gsiacht noh in Huhlwe(g) a Roßfuhrwerch fahrn?
Vielleicht in Gebirg, auf an oanschichting Fleckl,
begegnt oan' a Kuahl vorn Kloankeuschlergarrn.

Ja mein, wenn oans zruckroat't, es war scho a Gfrettn:
as gwöhnlichste Ta(g)werch a murds Schinderei,
und alls hat müan zuwi, van Kind bis zan Ahndl,
sän d' Nachbarn oft aungruckt, verläßlih und treu.

Und d' Leutln warn dennah in Dankbarkeit zfriedn,
's war öfter a Fechsnung ihr Arbat kam wert;
ban Gnäd war noh Zeit für a stills Vaterunser
ums Dach übern Kopf und a Feuer in Herd.

Is richti der Kria(g) – frei wia d' Höll – über d' Hoamat,
a Narrnhaus, a Schlachtbank is rundum gleih d' Welt,
und kam is er hoamkemm', verschreckt und dermattnt,
loat't wiader der Bauer sein' Pflua übers Feld.

A Brotloab war selm wiar a himmlisches Wun(d)er,
der Pflua und die Sichl zwoa Waffm gegn d' Not;
ban Humer ham d' Leut gar ihrn Hochmuat vergessn,
und 's Brot wiader gschatzt und ah d' Hilf van lia(b)m Gott.

Die Sengs und die Sichl, die Drischl und d' Worfl
sän längst in der Ausnahm, ham d' Schuldigkeit taun;
van Brot redt nit bald wer, is d' Not hoamlih doni
za d' Armen, woaß Gott wo, geht's ins noh was aun?

Der rustige Pflua tramb – vergessn – va d' Furchn,
sein Nachfulger braust mitn Traktor ins Land ...
Die Zeit kunnt sih heunt doh koan Zruckschaun mehr leistn,
sie braucht aber Bauern mit Herz und Verstand,

braucht Bau'nleut, de 's Gspür ham fürn hoamischn Bodn,
fürs Wachsn und Reifm, für Wurzl und Blüah,
de gern noh ban Zsammsitzn Volksliadln singen,
weil d' Nachbarn sih hertraun durch d' aufgloahnte Tür.

's Moderne alloan därf koan' Jungbauern blendn,
bis eppa sein Pflua kranke Erdn durchfurcht:
Koan Feld sull eahm blindlings ban Fortschriatt verkemmen,
Gott gib's, daß sein Gwissn in bessern We(g) suacht.

Vergiß nia, daß Bauersein mehr is als Rackern,
dein Hof und dein Grund sän Natur, koan Fabrik!
Der Überfluß züglt mehr Ärger als Nutzn,
der Neid kennt koan' Roan und die Habgier koan Glück.

So gschickt wiasd' dein' Traktor, dein' Pflua ma(g)st derloatn,
so führ ah dein Wirtschaft, daß alls dabei stimp;
'n Ahndl sein' Pflua gib a Dach zan Vergeltsgott,
ehvor sein Kumrad hintern Stadl verkimp.

Samstanacht

In Schafanger draußt
gaustert d' finstere Nacht.
Der Sturm rafflt wild
mitn eisign Regn ums Haus.

Ob d' Urenkerln
hint in der Kammer
sih gar eppa fürchtn?
Ob s' wuhl all brav schlafm,
und nit am End rehrn?

Sän d' Enkl heunt all
wiader furt,
woaß der Teuxl wohin,
in gwisserstn hupfm s'
halt um drein in Grabm
in der Disko.

Se ham's hiatz ban Umfliagn
kommoder, seit eahnere Eltern
sän fert auf der Autobahn
gstorbm.

Just d' hilflose Urli,
verlorn seitn Schlagl,
frei törisch und blind,
hatscht ruahlos am Steckn
dahoam umanand
zwischn Roatn und Sorgn,
var oan' Kin(d) zan andern,
var oan' Load zan oan'.

Außigstorbm

Wia d' Woasnkin(d)er losn d' Ackerln her.
Die Keuschn und der Stall stehng öd und laar.
Koan hoasre Haustür heschetzt mehr,
und Modergruchn mufferlt rar
aus Spind und Truchn, Bett und Wiagn.
Schimpl webert auf der Kellerstiagn.

Koan Wölkerl Rach steigg übers Dach,
der Firscht vo d' Jahrläuff zdruckt, der Giebl schelch;
oan Ziagl rutscht 'n andern nach.
Weißgschopfte Distln siechn welch
in Gartl auf der Trapfmseitn,
wo wia Kirtastandler d' Spatzn streitn.

Sein eiskalts Wasser giaßt der Aufrinnbrunn
wia selm vorzeitn ausn Lärchnrohr;
in miasgrean' Granter zittert d' Sunn,
hängt 's Häferl noh aum Stumpf davor.
Ban Stadl, zwischn d' Aneweign,
stimp der Aufhängwind sein Jammergeign.

Koan Menschnstimm keit warm durchs Haus.
Es ladt koan Nagerlblüah zan einigeihn,
a Toatnruah füllt alle Winkl aus,
laßt d' Neugier auf der Gredn steihn.
Drum pfüat enk, Zeitn, kemps nit wieder,
was's in Gotts Nam' taun habbs, bröcklt nieder.

O du versunkne brave Ahnlwelt,
auf deine Platzln wuachern Dorn und Gras.
Du hast koan' Preis mehr, der heunt zählt,
bist Glump und Graffl, brochns Glas.
Der Bagger wart't. Noh streitn d' Erbm.
Gib's Gott, daßd' nit umsist muaßt sterbm.

Der alte Mundartdichter

Landauf, landa(b) is's eh zan vortragn gwesn,
sein alter Käfer hat'n umgführt woaß wia weit;
z'bequem und z'gscheit sän heuntingtags halt d' mehrern Leut,
und wo neamb zualost, braucht koan Dichter lesn.

Sän öfter wo just etla Leutln kemmen,
koan großer Trost nach oaner letzn Autoroas:
Ba Schnee und Eis und Bodnnebl macht's koan' Gspoaß,
drauf irgendwo mit laare Sessln vorliab z'nehmen.

Verlorn aum Tisch sein Werk: viel tausnd Stundn.
Derlittn drein – wird's oaner inne – jeds Gedicht;
a jede Zeiln, jeds gringe Wörtl will sein Gwicht,
und nix hat wo der blinde Zuafall gfundn.

Koan Alzerl höcher hat er d' Nasn tragn,
dafür mit Anstand, wia's für Bauerndichter ghört,
halt ah Gottöbern mit der Post sein Gmacht verehrt.
Ob's ankemm is? Er wird's wuhl nia derfragn.

Und rare Fuchzger lernt er fallweis kennen,
daß Pech und Honig auf sein weißes Hemad tropft,
Verkehrte ham eahm auf die brave Schulter klopft
und hättn koan' va seine Vers kinn nennen.

Heunt gfreut's'n, wenn die Enkerln spieln und lachn,
er liabb sein Welt und Voglgsang und Blumenschein,
und gwisse „bess're" Leut mit ihrn Getua und Splein,
de laßt er selber ihre Gschichtn machn.

Na, destwegn gibb's koan grantigs Losnbleibm,
ob draußtn d' Stundn blüahn, ob graber Nebl ziacht,
als gspürert er's, daß irgendoanst des Wunder gschiacht,
das eahm sein' schönstn Vers laßt niederschreibm.

Hintern schönen Blumendorf

O ih armer Fotonarr!
Ih han da heuer, anfangs Fruahjahr,
wölln van Wiesnbachl,
hintern schönen Blumendorf,
an etla guate Bildln machn.

Du, des Bachl schlanglt sih
so liablih zuwer
zwischn E(r)ln, Eschn, Hasln, Felber,
Farn und jungen Grean.

Mit Stativ und meiner Leica
unterwegs in Vormittagliacht,
gar mit Wechslobjektiv in Rucksack,
und a Körbl Freud in Herzn,
han ih endlih wieder oanmal wölln
bedächti und recht unbeschwert
mein ungeduldigs Stecknpferdl reitn.

Um Gottes willn! Du notigs Bachl,
was hast denn verbrochn,
daß s' dih so ham malträtiert?

Nach guat zwoa Stundn han ih trauri
mein Gramuri wieder zsammpackt:
Nit oan Platzl hat sih botn
für a Dia va den Bachl
zwischn d' E(r)ln, Eschn, Hasln,
zwischn Lerchnsporn und Krokus,
Farn und guldgrean' Felber.

Nit amal drei Meter hätt ih
kinnen nutzn, frei vo Flaschn,
Plastiksäck und Ziagl, Altbeton,
Matratzn, Darm und buntn Fetzn.

Und derawegn will ih wartn
aufn erschtn Landeswettbewerb
fürs schönste Bachbett
zwischn freie saubre Ufer,
wenn die Pelargonienvorhäng
und d' vergweihntn Edlsträucher,
Gartnzwerg und Rosnteppich –
auf der stulzn Herzoagseitn –
oanst an Durchblick freigebm,
hin za Wegwerfgstettn
mit mein' hoamatlosn Wiesnbachl,
hintern schönen Blumendorf.

's Toal Bauern

Es gibb a Toal Bauern, ih sag's eh nit gern,
de was sih koan' Deut um ins Mitmenschn schern;
koan Fürhapp is sicher, koan Grenz und koan Roan –
Is 's Baurngmüat verloschn, is 's Herz drein a Stoan?

Für d' Leut bleibb koan Ranftl, koan Pfad und koan Stei(g),
der Pflua(g) is der Moaster, und 's Gwissn is frei …
Findst dennah wo doni, bald stehst wiader aun,
schaust drein wiar a Sträfling vorn Stachldrahtzaun.

Und gangerst – wia eh – gern an Roanwasserl nach,
spegliererst und gfreuerst dih furt nachn Bach,
ban Tumpf 's erschte Bildl: geh, laß's gleih ban Tram,
sän d' Acker längst drein inter d' Staudn und Bam.

Durt wachsert sist Gras, und koan Viech weit und broat,
und alls, was nix zuwerbringg, tuat ja nit noat;
wa' 's Roanputzn, Zuwimahn eh koans instand,
wann nimp denn a Junger an Sengswoaf in d' Hand?

Acht Huaf, zwein PS, tüchti Habern und Heu,
oan Furch nach der oan': längst vergessn, vorbei –;
's Bankett hat halt selm za der Gmoanstraßn ghört,
nit Ackerstoan, Lettn und umbrochne Erd.

Viel Waldwe(g) sän zschundn, und stellnweis nit z'geihn,
was hinführn und richtn, des will halt nit sein;
kommoder alln Bauschutt in Grabm abiglaart,
gstatt eini in d' Loastn, wo's ausgebm tat.

Was brauchn, moanst, Umbummler inser Natur?
Spaziergeihn gstatt arbatn, so geht's heunt zua …
So wiasd' ah du selber was hast und wer bist,
ham d' andern Leut gwiß eahner Sach nit umsist.

Alls umandum zviel, und noh allweil viel zweng,
so ziacht sih des Gspiel wiar a Strudl in d' Läng;
es wun(d)ert oan' frei, daß d' Agrarpreis noh falln,
derweil mar schö brav für die Greanbrachn zahln.

O Bauer, gib nach, und aft roatst da(r) des zrecht:
Dein Seel hat ihr Hoamat in' Altbauerngschlecht!
Sän weit d' mehrern Bauern – und des sag ih gern –,
de haltn ihrn Bauernstand hoch und in Ehrn.

Nit oan Bleaml?

Du sagst, du hättst a Wohnung gleih,
hast wuhl a Gartl ah dabei?
Und is's koan Gartl, is's am End
a Beetl für zwoa feine Händ?
Und ghört ah nit a Fleckl dein,
so kunnt's a Blumentrögerl sein,
aum Gsims, aum Fensterbrett vielleicht,
daß ah für dih a Bleaml leucht't,
a Stöckl Nagerln aum Balkon,
wo zwischn Plastik und Beton ...

O na, dein Wohnung is nit z'eng,
und ah koan Hausverwalter z'streng:
Ih moan, des is just so a G'red
mit gar koan Zeit, mit Streß und Gnäd,
und viel z'viel Gscher und zweng Verstand,
und grad für Blumen gar koan Hand –

So wart't auf dih halt in der Früah
koan zierlichs Blatterl und koan Blüah.
Wia reich is oans, vull Dankbarkeit,
das sih ban kleanstn Botzerl gfreut.

Bam

Bam sän meine guatn Freund seit Jungheit,
weil s' so gschmeidi 's Dorf umsorgn,
einibettn zwischn d' alte Landschaft,
weil s' so freudi jung wern alle Fruahjahr,
und geduldi älter mit die Kin(d)er.

In April, wenn's handsam wiader grean wird,
singen drein ban Nestbaun d' Amschln,
bis der erschte Stern van Himml glitznt;
lang vorn Liachtwern meldn froh scho d' Vögl,
daß der Tag sih wiader lusti aunlaßt
und daß weit und broat koan Gfahr zan gspürn is.

Wenn der Mai als Kini her ins Land ziacht,
aufn buntn Wiesnblumenteppich,
sän scho d' Obstbam liachte Bainlhäuser,
und es sumpert wia ban Ackerbetn,
va der Wurzl bis zan höchstn Wipfl,
gar, wenn d' Hozatschwarm' sih niederlassn
zwischn Weiß und Rosa, guldgrean' Blattln.

Spate Falter tramen in der Rindn,
lautlos flitzn Fledermäus durch d' Finster,
Spinnerinnen heftn 's Netz ins Früahliacht,
daß die Taubrillantn drein just funkln.

O ös altn Bam, hoch außigwachsn
über Firscht und grabe Häusergiebl,
über Hof und Stadl, Schlösser, Kirchn;
gern ah zuwikummandiert za Straßln,
aufgstellt links und rechts wia Veteranen,
her va langvergeßne Ahnlzeitn ...

Viele Stundn rast ih gern in Summer,
in a Buach versunkn, drein in Schattn,
und ih los in Wind zua, wiar er tuschlt,
wiar er rinnt und rauscht durch La(u)b und Zweigln,
und sih gfreut ba d' roatn Kerschnwangen.

Wer vernimp in Hirscht noh d' altn Wun(d)er,
wia die Birn und Äpfl hoamlih reifm,
süaße Zweschbm, entern Angerl d' Nussn?
Wer derlost in La(u)bfall d' Abschiedsliader,
wenn s' verhaltn über d' Felder zittern,
bis s' verwaht sän hinter blaue Büchl?

Grechtlt 's Jahr sein notigs Fedlbinkerl,
stehng d' verwoastn Bam in feuchtn Nebl,
längst vergessn in Novemberregn,
bis s' der Schnee umhüllt, der Weihnachtswinter,
rein und frumm wia Hirtn vor der Krippm.

Bam sän meine guatn Freund va Jungheit,
allweil wiader bin ih gschreckt und sinndla,
wenn s' wo oan' ham herzlos niedergmetzgert,
weil er nix mehr gwen is – wia er selber –.
Na, für d' Ehrfurcht hat de Zeit koan' Sinn mehr;
's Geld verstoanert allmal mehrer d' Herzn,
d' Liab zan Nächstn findt so oft koan Platzl,
und der Herrgott viel zweng Dank fürs Lebm.

's Märchen va der Feichtn

Is selm durt a Feichtn gwen, teichtzua, vorn Hulz,
hochauf und broatmächti und kerni und stulz.
Sän d' Jahrläuff recht hisch gwen, a gnadvulle Zeit,
hat alls richti paßt und der Voglgsang keit,
gmua Regn und Sunn, nia a Schneebruch, weng Sturm,
der Gsund allweil brav, nit oan Blitzschlag, koan Wurm,
ham d' Oacherln drauf ghaust, wia wenn s' zuaständi warn,
sän d' Hächer gern zuakehrt, die Galstern und Krahn ...
Is d' Feichtn drum zfriedn und wachst wia nit gscheit,
und roat't nit a Stündl auf d' unguatn Leut,
de d' Erdn verwüastn, as Wasser und d' Luft,
daß d' Welt sih verkehrt in a schaurige Gruft.

Und irgendoanst gspürt s' was, ihr kamert bald vür,
als wurdn bakloan ihre Wipfläst dürr.
Und d' Feichtn, kloanmüad, sie beklagg sih ban Schilf:
„Du, rat mar a Mittl, ih moan, ih brauch Hilf;
ih findt frei koan Ruah mehr, es peinigt und druckt,
tiaf einwendi reißt's mih, es wurlt und zuckt –
a Zittern derschreckt mar oft d' Nadln und Zweig,
als brodlert durch d' Adern a milzbrandigs Zeug."

Der Wiesnteicht hört's und derbarmb sih akrat:
„Loat her etla Wurzn, probier mein Nitrat."
A Zwerglstimm piepst ausn miasign Filz:
„Ih hätt da a Kadmium", tröst der kloan Pilz.
A Karpf ta(u)mlt auffer van schlatzign Grund,
a Quecksilber hätt er, vielleicht machert's gsund.
Van Haltanger meldn sih Goaßn und Küah:
„Inser Milch hätt gmua Strontium, mach a Klistier."

Der Obstgartn, 's Feld, machn Post mitn Wind:
„Probier's mit a Giftspritzung, 's helfert gwiß gschwind."
's derbarmen sih d' Auspuff, gar d' Rachfäng und Schlot

und spendn ihrn Atn für d' allerletzt Not.
Und Regnzacherln rinnen, vull Schwefl und Blei,
o mein, scho as Mitload is Hilf und Arznei;
gar Cäsium gabert's und allerhand Strahln,
aniads möchert anwendn, koans redt van Zahln.
„Vergeltsgott, ös Nachbarn, fürs Gscher und fürn Rat,
a Glück, wenn ma umandum Wuhltäter hat."

O Feichtn, geh, tua da(r) dein Dankbarkeit sparn,
de Nachbarn sän selber scho toadkranke Narrn!
Was is des für Gwus zwischn Grenkwerch und Äst?
Hast 's Haus vull Schmarotzer und unghoaßne Gäst?
Frei rindhebi zlechsnt dein gfleckerter Stamm:
Setzt gar scho der Buachdrucker 's Grabsprüchl zsamm?

Zwoa Barterte kemmen. D' Motorsa(g) plärrt auf.
A Krachn, a Splittern, und 's End hat sein' Lauf.
A Stock noh verbleibb und a wurmstichigs Hulz,
wo selm is die Feichtn gwen, kerni und stulz.

Und oanst wandern Kin(d)er und Lehrer her schaun
und setzn mit Jungbamln d' Waldwiesn aun.
Ös Schulleutln, Geltsgott fürn bluatjungen Wald,
bleibbs gsund und werds ja mitanander stoanalt!

Die Krahn

Wohin seids denn ausgwichn,
aufgweckte Schwarzröck,
aus insern so bildsaubern Tal?
Wo bleibb denn vornacht enker Flug
intern Guldschein zan Schlafplatz
in d' Schachn und Hochwalder;
wo enker grobs Guatenachtliad
fürn schlafrign Tag?

Zviel unsicher deucht enk am End
inser gschniegl ts Kulturland,
das auswendi glanzt wiar a Lug
zwischn kaltn Beton und Asphalt,
uhne Stäudl und Gsträuch,
uhne Kräutl und Wiesnblüah,
längst uhne Pfad für an Schriatt ...

Ös frechn Lumpazi,
und gwiß seids ah kränkterweis doni,
weil 's Grein' nix mehr gnutzt hat;
ih selmer gar wißt enk koan Platzl
fürs Hausn und Kin(d)eraufzügln,
wia's enkere Ahnln vorzeitn
ba ins noh ham überall ghabb.

Natürlih suacht d' Leutwelt
za Tagdiabbm, Rauber und Mörder
koan' freundlichn Zuagang,
und so seids ös Krahn halt va ehnter
– wuhl unschuldi, moan' ih –
für Bauern und allerhand Jager
a voglfrei's Frevlpack gwen.

Wer kunnt's enk denn ehrlih
in all enkern Elend verdenkn,
wenns oftmals derfrorn und derhumert
habs gheschetzt und bettlt
und – gstibitzt ums törische Dorf?

Verlorn drein in Hirschtnebl,
weit über zuagwahte Acker,
va Bam her um Anger und Roan:
Wia gern tat ih losn
auf enkern vertangltn
stockhoasern Walzkundngsang!

Aber wer fangg 'n Wind in a Steign,
und wer drahrert 's Zeitradl zruck?
Da versagg ah der beste Computer,
koan Mensch bracht' des Kunststückl zwegn;
dafür aber tritt er d' lebendige Welt
wiar an Toadfeind ins finsterste Eck.

Und so gfreu ih mih richti,
ös gwahrign, sie(b)mgscheitn Vögl,
ös pfiffign, aungfeindtn Krahn,
daß enk d' Fremb wo
a bessere Wahlhoamat laßt
und der Herrgott a Stimm
in sein' wunderbarn Schöpfungskonzert.

's Anlaßdichtn

Seit Kain und Abel geht des gwiß so her:
Des Anlaßdichtn bringg mehr Gscher wia Ehr.

So etla Vers, moan' d' Leut, warn koan Problem,
wer eh scho so lang dicht't, hat sein System.

Der wirft des hin aus seiner lockern Hand
und hat in Nu a Trumm Gedicht beinand.

Koans halt's für möglih, daß der Stundn sitzt
und in Gedankn übern Blattl schwitzt.

Für andre grüabln, ärgert'n bakloan,
kam is er firti, jammert scho der oan.

In Gottsnam dicht't er wiader, stiehlt sein Zeit
und hat van Herrgott ah koan Ewigkeit.

Ob Hozat, Jubiläum, Fest und Tauf:
Van Dichter muaß a eitls Glanzliacht drauf.

Und d' nobln Gäst hörn sih's geduldi aun,
is's überstandn, redt neamb mehr davaun.

O Reimschmied, nimm de alte Weisheit mit:
Die Guatheit zahlt sih halt auf Erdn nit.

's Hozatgedicht

Mein, ih kamert heunt krat mit a ganz großn Bitt;
bittgarschön, scharf „ja“ sagn, aft wa' ma scho quitt.

A Gedicht tat ma brauchn, ih red mih gleih aus,
ins steht ja a gulderne Hozat ins Haus.

Inser Opa und d' Oma sän fuchzg Jahr beinand,
zwölf Kin(d)er, dreißg Enkl sän gwiß allerhand.

Vo die neunahalb Joch sän's heunt neunzehn Hektar;
ba zwoanzg Stückl Viech is der Stall nit ganz laar.

Und dazua an Schock Zuchtfarln, Legheahn und Schaf,
Mercedes und Traktor sän lang scho ban Hof.

Über zehnahalb Joch hama so noh in Pacht,
sän eh scho ban Gleichschiabm, wird Obstanlag gmacht.

Ja, mein Maunn, der is tüchti, ih sag's kirzngrad,
weil er ja des Trachtn van Vatern her hat.

Inser Oma! Alls kochn, gar Hausputzn tuat s',
vo lauter a rieglsams Leutl, a guats.

Alle andern alf Gschwisterat ham eahner Sach,
aniads hat an Arbat, ma fragg ja nit nach.

Insre Nachbarn rundumer, was hättn s' für Freud,
wenn s' dreinwarn in Sprüchl wia aungsehgne Leut.

Die Tant Ploni wa' guat, wenn s' ah vürkemmen tat,
weil s' d' Mehlspeisn macht und ins d' Lockn eindraht.

Ah der Onkl, der weißnt und farblt und leimb,
vielleicht halt so draxln, daß's zsammstimmb und reimb.

Ah die weitere Freundschaft, Kusin und Kusein,
de schatzertn d' Ehr, wenn s' ah stangertn drein.

Und a Gsetzl ah dichtn, wia's eh so is gwedn,
mehr landmaßi bringen, wia Bauernleut redn.

Schön kommod a weng drahn hin auf d' Liab und die Treu,
daß's ja gschmeidi paßt und sih aunschickt dabei.

In Herrn Pfarrer recht lobm, so wia's as sih ziemb,
und mauhn, daß er bald za der Festtafl kimb.

Ja, in Gotts willn, han ih scho van Herrgott was g'roat't?
Ih moan wuhl, da findn scho Se a frumms Wort.

So zan Schluß aft viel Glückwünsch fürs gulderne Paar,
mit Gsundheit und Segn für noh viele Jahr.

Und 's Gedichtl mehr kurz halt, versprechn S' ma's gwiß,
weil übermorgn, Samsta(g), die Hozat scho is.

Inser Hanserl, der Schuler, derlernert's sist hart,
er gigetzt recht gern bar an letzeren Wort.

Ja, und gleichmachn möcht ih, und zahlert gleih bar,
a halbs Lärbl Brot und dazua etla Oar.

Se, koan Widerred! Des nehmen S' stantapee aun,
wenn 's Dichtn ah leichter is, wenn ma's guat kaunn.

Vorn Gästebuach

Des Verslschrei(b)m geht immeroanst völli flott,
und's deucht oan', des Dichtn tat's eh recht kommod;
aber gach immer kamert's akrat halt drauf aun,
daß 's Blattl scho vull wa', eh d' Leut mögn derschaun.

Du hugerst und grüablst, koan Fünkerl fliagg zua,
wia sullst es denn aungeihn, zan sagn gabert's gmua,
aber 's Gästebuach wart't, und es schaut dir ins Gsicht,
auf d' schneeweiße Seitn sullt längst a Gedicht.

Der Lederband prahlt sih mit blitzgscheite Sprüch,
just dih laßt dein Eingebung schäbi in Stich;
ja, du marterst was vürer, gar d' Schrift wird a Graus,
alls roazt dih, zletzt geht sih gar 's Versmaß nit aus.

Drum, Gastgeber, gebbs mar a gringere Buaß,
als daß ih vor enk da was zsammstoppln muaß!
Gelts, ih schreib, was mar ehrlih van Herzn her kimmb
und was so beiläufi für enk alle stimmb.

Dersparts mar a Gschwafl mit picksüaße Reim,
daß 's ehrliche Wort nit derstickt drein in Schleim.
Ja, des Verslschrei(b)m geht immeroanst völli flott,
just 's Dichtn, wenn's sein muaß, is gar nix kommod.

D'Milch

Der Peperl is der Roaner-Bua,
der Burli kimp va Wean,
de zwein spegliern ban Melchn zua,
toan Kalberl schaun und gsehgn a Kuah
in Häufl liegn, in grean'.

Der Burli schaut verdriaßlih drein,
derlebb zan erschtn Mal
die Gocklheahn, die Schaf und Säu;
was Frembs is eahm die Bäuerei,
und gar der Gstank in Stall!

Za Brotzeit stellt die alt Marie
an iadn va de zwein,
weil s' moant, se warn scho humeri,
a Schmalzbrot und a Mili hin,
daß s' gleih mögn jausnen geihn.

Der Peperl trinkt sein Häferl laar,
der laßt sih nit lang ehrn;
der feine Burli tat bald rar,
wia wenn er nit beinander war',
wird doh nit eppa rehrn?

„Ja, Burli, hast noh gar nix kost?"
fragg d' Roanerin aft guat,
„ba ins is d' Milch ja d' halbe Kost,
zan Trunk weit gsünder wia der Most,
und Medizin fürs Bluat."

„Mir graust van Stall und von der Kuah,
ih mag ah gar ka Brot." –
„Geh, Burli, bist a dummer Bua,
des Kuahl is doh sauber gmua,
ah wenn's koan Badwann hat.

Schau, enker Milch, des woaßt ja wuhl,
kimp grad ah so van Stall;
in Graz und Wean und in Tirul
und ah ba ins dein Häferl vull
is so a Milch wia überall."

Und weil in Burli des so schreckt,
gibb's Fruchtmilch und Kakao,
Kaffee und Joghurt, wia's grad schmeckt.
Seit d' Milch ihr weiße Farb versteckt,
is krat der Himml blau.

's erschte Wörtl

„Enker Kloaner redt scho, han ih ghört."
„Ja, oan Wörtl hat er deutlih vürerbracht."
„Und hat er ‚Mama' gsagg und glacht?"
„Na, des grad nit, zerscht hat er grehrt."

„Ja, wasd' nit sagst, a so a Bitz,
und hat er eppa ‚Tati' gsagg ban Rehrn,
der kloane Pamperlitz?"

„Na, des grad ah nit, aber gern
verlangg er ums Kassettnschaun.
Und eh er noh in Zurn ma(g) plärrn,
gehn mar halt an Western aun.

Ka(u)m schalt ih ein, scho fliagg a Trumm,
und 's Büabl schreit: ‚Tschinbumm!'

Wia gwahri daß er lost und schaut,
wenn d' Rothäut purzln, lacht er laut,
und ah die Gangster gfalln eahm guat,
er fürcht't koan' Toatn und koan Bluat;
sein Schreckpistuln hat 's Christkind bracht,
wia gfreut er sih, wenn's funkt und kracht!

Frei alls derschiaßt er umandum,
sein erschts kloans Wörtl hoaßt: ‚Tschinbumm!'

Auf d' Oma zielt er alle Ta(g),
weil s' sein' Revulver gar nit ma(g),
frei fuchti wird der Opa grad,
und war oanst selber Kriagssoldat:
Der is verkalkt – va d' Siebzg nit weit –,
und 's Büabl lebb in insrer Zeit ..."

„Zwoa Jahr erscht alt und scho so gscheit?"

„So wia sein Tati halt", sagn d' Nachbarleut.

Der oane Zwoarer

„Was sagst hiatz, Oma, in mein' Zeugnis han ih
desmal wirklih just oan' Zwoarer." –
„Schau, brav bist, Büabl, ih han's gwißt, du kaunnst was,
hast ja 's Zeug zan Dokter oder Pfoarrer.

Da hast an Fuchzger, därfst dafür was kafm,
's gfreut mih, weilsd' hiatz leichter aufnimmst;
mit schlechte Notn muaß sih oans ja schamen,
is wuhl Zeit, daßd' endlih oanmal draufkimmst.

Dein kloane Schwester hat ja lauter Oanser,
du, de is a fleißigs Madl;
wennsd' bis zan Schulschluß ah dein' Zwoarer wegbringst,
kriagst va mir a schneidigs Zehngangradl."

He, Bua, hast d' Oma tüchti hinters Liacht gführt,
blinds Vertraun kimp meistns teuer.
Wann wirst der Guatn d' andern Notn beichtn:
d' Fünfer, Vierer und in Fleiß dein' Dreier?

Naturlehrestund

Der Lehrer stimp sein Stund grad ein,
zergliedert 's Thema streng und fein:
„‚Bewegung in der Zeiteinheit',
verständlicher: ‚Geschwindigkeit',
so lautet unser Stundenziel.
Wir machen ein Gedankenspiel
zum Themenkreis ‚Geschwindigkeit',
noch zehn Sekunden Nachdenkzeit ..."

Und scho fahrn schö flott und frech
die Händ vull Ungeduld auf d' Höch,
und scho gibb's a murds Trumm Gaudi,
wia der Sepperl gigetzt: „Unser Audi."

„Nan!" schreit gleih der Fred, a Stoppl,
„schneller is scho inser Opl!"

„Bravo!" lobb d' Elisabeth,
„wer's eilig hat, der fahrt Kadett."

„Mir sän zfriedn", protzt gleih d' Eva,
„mir fahrn halt an Volkswagnkäfer."

„Schamts enk", spott't der Platzwirt-Heini,
„ös werds koan' Mercedes gweihni."

„Heinzi, trink viel Hustntee,
wennsd' gsund bist, träum' vom BMW."
(Fürn Gerd is jeder krank, der'n roazt,
sein Papa is der Gmeindearzt.)

Der Philipp moant: „All tuats mar load,
mir putzn enk mit insern Ford."

Der Gero drauf: „Zwoahundert Schnitt,
der Volvo laßt koan' andern mit."

„De Harley“, woaß der Hans, „schlagg alls,
de is bei d' Moperln der Rolls-Royce.“

Scho wird der Lehrer harb dabei:
„Was soll die blöde Balgerei
um einen Wust von Fahrzeugmarken?
Laßt jetzt die Vehikel parken!
Und: Hört zu, wenn einer spricht,
ihr wißt, ich mag den Wirbel nicht.“

Noh lauter wird's a Zeitl drauf,
gleih alls, was Radln hat, fahrt auf.

Und langsam kemmen s' aufn Strom,
aufs Liacht und endlih aufs Atom,
wia's in der ganzn Welt drein kroast
und gach aus oaner Bombm roast.
Va d' Stern geht's weiter za Planetn,
de so gschwind warn' wia Kometn,
und der Blitz bleibb ah nit aus,
und d' Schüssln, draun ba jedn Haus,
de d' Welln va d' Satellitn fangen,
daß ma kunnt a Bild empfangen.

Weng wuhl wissn große Leut
vo so viel Sortn Gschwindigkeit!
Die Schuler sän da vull auf Draht,
weil s' jeder in' kloan' Finger hat!
Grad, daß s' nit eahner Milchgeld wettn
auf de Raumschiff' und Raketn
oder 'n Formel-I-Rekord!
Ja, mein, da stockt ah 'n Lehrer 's Wort ...

Ah wenn a Klaß vor Eifer haust,
sie wird gach stad, der Dampf is draußt.
Alls lost. Der Leonhard derzählt:
„Bua los, Herr Lehrer, mih hat's gschnellt!
A Wechs is ghugert auf a Birn;

ih han s' schö gwegn wölln abirührn,
auf oanmal hat's scho gellt ban Hirn."

„A Wechs is schnell", moant d'Nachbardirn.

„A Wasserkaundl fallt ah scharf",
woaß d' Monika va Zepfmdorf,
„ih giaß grad Blumen aum Balkon,
da läut't des blöde Telefon;
ih spring – scho is die Kaundl fuat,
zan Tati abi, drauf aum Huat.
Der Friedi hat as Tachtl gfangg,
der hat durt pritschlt, Gott sei Dank."

„Mein Opa hat a Luftdruckgwehr,
was Schnellers, denk ih, gibb's nit mehr.
Mein jüngster Onkl, noh recht dumm,
schiaßt hoamlih mit der Büchsn um;
der Spatz fliagg furt, 's Malör hebb aun,
weil d' Nachbarin nit fliagn kaunn.
Salot hat s' gsetzt, sie is mehr dick,
eh hint just gstraft, zan guatn Glück.
Ih denk", moant d' Lenerl, „des hat brennt,
weil s' nachn Schroach is donigrennt."

Drauf wird's 'n Lehrer halt doh z'bunt
und 's Gwissn druckt'n wegn der Stund:
wenn's gar so unterhaltlih is,
verkimp sih 's Lehrziel, des is gwiß.

„Bewegung in der Zeiteinheit",
der Normbegriff „Geschwindigkeit"!
Wo blieb der Stoff zum Terminus,
o heiliger Antonius?

Grad wiar er so sein Klaß betracht't,
wia s' uhne Lehrer weitermacht,
da gfallt'n gach d' verhaute Stund,
und des hat gwiß sein' guatn Grund:

de Arbeitsfreud, de Mitarbeit,
ja, Herrgott, sän de Kinder gscheit:
Entdecker, Forscher und Erfinder,
Philosophm, Eindruckschinder,
Plauscher, Tramer, feste Strick',
Komödispieler mit viel Gschick:
Wia wird auf oanmal 's Thema weit:
Bewegung, Weg, Geschwindigkeit!
Was für Lebm tuat sih auf,
der Stund gar gfallt der gschwinde Lauf!
Wia da der Ursprung vürerfindt
und munter wiar a Bachl rinnt
za halbverwelchte Wurzln fuat,
die Trucknheit tuat halt nit guat –
Und schau, was Larifari war,
des stellt mar miteinander klar ...

O ja! Sein Lehrerurteil is gerecht:
Just oaner in der Stund war schlecht.

Vorn Läutn meldt sih ausn Winkl
noh der Max, der faulste Binkl:
„'s Schnellste is der süaße Most.
Han gestern just oan' Kruag vull kost't,
und gspür in' Bauch was krabbln drein,
und wiar ih grad will außigeihn,
halt ih derschreckt 'n Atn aun,
und gsiach rundum scho d' Hausleut schaun –
‚Was saufst so viel!' schreit d' Mami noh,
da is der Most scho – woaß Gott wo."

Zeugnistag

Der Vater wettert nach der magern Kost:
„'in Buam sein Zeugnis, Mama, is a Schand!
Musik und Zeichnen ‚Gut': a schwacher Elterntrost;
zwoa Pintsch, und Vierer, nacheinand –
Dahoam so gscheit! Und sein Getua – –
Mit so an Wisch gehst bettln, Bua,
just Rock und Pop in Hirn, und Fleck' aum Gwand."

„Schau, Dad, ih eifer dir beim Lernen nach.
Bleib cool. Ah deine Notn warn modern –
Sagst selber, d' Obergscheitn tragn die Nasn z'hoch,
mir hättn eh scho viel z'viel Herrn.
Ih han dein' Hausverstand und meine Händ,
und von der Mam 's Designtalent ...
Ih könnt sofort a Modeschöpfer wern."

Abschied van Polytechnischen Lehrgang

Selm pack dein Binkerl in Gotts Nam
und geh dein' Le(b)m nar freudi zua:
Schau, in zeitling Auswärts saat ma 'n Sam,
und was nit taun is, gibb koan Ruah.

Verlias dih nit in d' seichte Welt,
wer täuscht und blendt, is bald alloan;
Fleiß und Aunschick bringen Guat und Geld,
drum richt dein' Zeug nar her bakloan.

Wo losn, loahn', in We(g) umsteihn,
des führt schnurgrad zan schlechtn End,
du vertrau dir selber, aft wird's geihn,
und spuck, daß's aufwärtsgeht, in d' Händ.

Drum pack dein Binkerl in Gotts Nam,
vergiß dein Schul nit, halt s' in Ehrn.
Irgendoanmal kemm ma wiader zsamm,
aft will ih dih nit jammern hörn.

Du bist ja Lehrer

Was heunt so Leut sih alls derhoffm
va der gstreßtn Schul!
Wenn 's Wunderkind nit glänzt,
beschwern sih gleih d' Ernährer;
de moan', du bildst scho kloane
Moaster aus und flotte Gselln,
weilsd' selber planst und meßt
und wägst: Du bist ja Lehrer.

Muaßt jahrweit Vorbild sein
für Redlihkeit und Fleiß;
Geduld, Verständnis ha(b)m
für Fahler und für Sündn;
für allweil mehrer Kin(d)er
Tröster, Mutter, Vater sein,
wenn s' halt dahoam zweng Gernha(b)m
und koan Hoamat findn.

Sulln d' Schuler spielend lernen,
's Wissn nehmen wiar a Gschenk,
und lusti sein und wiader
's ernste Wort begreifm,
und gspürn, daß's hinter derer Welt
a weitaus tiafre gibb,
für de a jeder Mensch muaß
selber blüahn und reifm.

Du bist ja Lehrer, Gärtner,
Seelndokter, Regisseur;
muaßt offm sein für Trutz
und Beicht und tausnd Fragn –
Bist Künstler, Theaterspieler,
Zauberer und – Diplomat,

wenn kränkte Eltern krittln
und erscht recht versagn.

Du sorgst dih wund, wenn Schuler
prahln mit Mord und Bildschirmgwalt,
willst überzeugn, beschwörn,
und's geht so viel danebm;
bist unterwegs, baust guldne
Bruckn auf va Herz zu Herz,
und dennah findt der Leichtsinn
d' We(g) ins lockere Lebm.

Koans bremst die Zeit, bist mittndrein,
und hirter wird dein Brot:
Kopf hoch, derzwing's! Du findst ja
wiader einer ausn Regn,
weil ah noh hinter Not und Zweifl
Trost und Hoffnung lebb,
du bist ja Lehrer, den die Kin(d)er
lia(b)m und mögn.

A Gschäftsbriaf aus Kärntn …

Geschätzte Firma Klauber!

Ih bin die Chefin von der Strickerei,
von der Sie stulz a schöne Westn tragn,
und nach zwa Monat bin ih halt so frei,
daß ih recht freundlih möcht ums Bargeld fragn.

Sie sulltn wissn, wia's a Gschäftsfrau geht:
Ih därf nit klagn, es geht sih ganz guat aus;
na, von an Ausgleich is ba uns ka Red,
weil Aufträg kemmen ja genua ins Haus.

Ah meine Leut sän brav und schaffn gern,
mir liefern pünktlih, niamals gibt's a Klag,
drum man ih, nix sull unser Klima störn,
dafür brauch ih an sichern Gschäftsertrag.

Dann kann ih ah das Meine sorglos zahln,
und's bleibt a klaner Rest in Taschle drein;
daß Sie des so verstehn, das tuat ma gfalln,
ih lad Sie wieder gern als Kundschaft ein.

Der Mensch is guat, des is das Schöne!
Va Straßburg grüaßt die Stricker-Lene.

... Und d' Antwort aus der Steiermark

VEREHRTE, LIABE CHEFIN,

des Karntn is a Dichterland,
ma hört und liest ja allerhand,
und dennah is's a bsundre Freud,
kriagst gach an Reim va d' Strickerleut.

's Gedichtle sagg mir's Wort für Wort,
des Schuldigbleibm is koan Art,
der oane werkt mit flinke Händ,
der andre schafft die Außnständ.

Han ih de Rechnung schlecht bewacht?
Ham d' Enkl draus an Flieger gmacht?
Wia's mit der Urdnung oanst nit stimp,
muaßt leidn, bis die Mahnung kimp.

So hoff ih doh inzwischn gwiß,
daß d' Schuld in Enkern Taschl is;
wenn meins scho laar is, war's a Grund,
daß Enkers schwar is, dick und rund.

D' Frau Chefin jublt gwiß durchs Haus:
„Jetzt schaut de Gschicht scho besser aus:
Der zachste Steirer hat heunt zahlt,
wia da a Stan von Herzn fallt!"

Vergeltsgott noh für d' Endsgeduld,
so zahlt oans gern die größte Schuld;
das schlechte Gwissn is guat weg,
und Se ham 's Herz am rechtn Fleck!

Hiatz is mein Westn wirklih sauber,
viel schöne Grüaß van Erwin Klauber.

Die Drahtbürschtn

So nachn Feierabmd umi fahrt der Sagler-Mini gern ba insern Haus vorbei, und sein übertragns Mopedl is gar oft aungladn wiar a Hüttnmuli. Wo der Narr des alte Glump hernimp, han ih ma(r) scho an etlichs Mal ba mir selmer denkt. Es is nix hoaklih, was er derwischt, brauchn kaunn er seins Gedanks alls, was andere Leut weggschmissn habm: Eisntrümmer, rustige Blechkachl, ausdeante Fahrzeugbestandteile, salittrige Mauerziagl, schimplige Matratzn oder gar wia selm den uraltn windschiefm Fuatterschneidstock, den eahm die Hoadnberger-Tini vermacht hat.

Mir habm's halt noh grad dersehgn, wia's'n zan oachln hat anghebb ba der A(b)kehr, wo ma(r) inser Überla(u)fjauchn übern Gmeindeweg aufs Roan-Josl Spitzwiesn doniloatn. Hat sih der eignsinnige Schneidstock, hint aufn Gepäckstråger, doh so viel ledi gmacht, daß er weitmächti abighänkt is und sih richti bar a Staudn derhaklt hat. Und weil der Mini des Gspielettl nit mehr recht derloatn hat mögn, hat's'n krat zar Gstettn zuwizogn.

Bua los, hat des greichsnt, wia s' alldrei seperat sän weiterkuglt, furt abi nachn Huhlweg!

Der znichte Gluachtschaml hat ban Kriachnbam zuwi biest wiar a damische Hurnus, der Mini is kloanderschreckt aus die Braunbiirdorn kralt, hat sih umständlih a(b)putzt und dabei allweil bakloan umundumgschaut, ob'n nit eppa va ins oans ba sein' Malär a(b)speglierert. Ih han grad noh mögn ban Tenntidl einiwuschn, spächt er scho wiader langmächti auf inser Keuschn her, daß mih frei deucht, er müaßt mih hintern kloan' Astloch noh dersehgn.

Du verflixt eini, derselbe Oachler in Huhlweg abi hat's in Mini nit extra guat taun. Wia eahm a Wochn später sein Gehwerch wiader halbwegs funktioniert hat, is's fürs erschte amal vorbei gwen mit seiner Sammlerei. Sein Ehweib, d' Nani, hat eahm sein' Fimml gründlih austriebm.

Nachn Feierabmd is aft der Mini die weitere Zeit ba ins schö kommod vorbeigangen. Wia ih'n gach amal wiader so sinndlah daherdangln gsiach, sticht mih akrat der Habern. Inser alte Drahtbürschtn fallt ma ein! Ih muaß's doh ausprobiern, wia's mitn Nachbarn seiner neugn Lebmsweis ausschaut, schiaßt's ma(r) durchn Kopf, er wird doh nit eppa sein' altn Brauch verlernt habm?

Und weil ih halt selber ah a schlechter Mensch bin, liegg in oan Tag drauf – vorn Mini sein' Feierabmd – inser alte Drahtbürschtn aufm Weg vorn Haus, und ih mach ma(r) scho verlei Sorgn, ob s' der Mini wuhl dersehgn wurd'.

Und weil der Mini sein Lebba her allweil guat gsehgn hat, is'n natürlih ah de ausdeante Drahtbürschtn nit auskemmen, flink hat er s' aufklaubb und eingschobm.

An etla Wochn drauf, auf an Samstanomittag, han ih Mostfaß gwaschn und kimm dabei gach ba d' rustign Kellerfenstergatter z'schaun. Teuxl, denk ih ma(r), de hättn Gebührn auf an Aunstrich, sist kimmst am End eh wiader nit dazua, gehst es gleih nachi aun.

Ih will's ah richti gleih aungeihn, suach a Drahtbürschtn und find koane. Und grad, derweil ih mit d' Weibertn schimpf, fallt's ma(r) ein: De hat hiatz ja der Nachbar, der Mini! Han ih richti noh koan neuge kaft, ah nit a Fleckerl Schmirglpapier in Haus. Du heiliger Florian, die Greißler zuagspirrt, ih d' Farb scho grechtlt, der Pemsl drein, so, hiatz steh ih da!

Mein ganzes Noachdenkn hilft ma(r) nix, a Drahtbürschtn muaß her! In Buabm schick ih zan guatn Letzt umi zan Mini: „Der Vater lassert bittn, ob er nit a Drahtbürschtn z'leich habm kunnt, er schickert s' eh gleih wiader zruck."

A Drahtbürschtn? Freilihwuhl, a Drahtbürschtn war' sist wuhl ban Haus. Es war' aber scho mehr an alte, 's warn die Borschtn scho mehr schütter. Sie hätt aber momentan leicht derweil, müaßt ah nit stantapee zruck. Und in Tati laßt er schö grüaßn, der hilfreiche Nachbar.

Wia kommod is s' noh zan brauchn gwen und viel z'lang habm ma(r) s' herentnghabb und vergessn zan zruckgebm, inser guate alte Drahtbürschtn. Dreimal hat er drum Post gmacht, der rechtmäßige Eigntümer, und wia ih endlih mit aller Gwalt mitn Bürschtnzrucktragn Ernst machn will, weil's ma(r) scho gmua zwider is, find't koan Mensch in Haus des verflixte Luader aun! Ih selber suach und stöber alls nohmal a(b), der Bua schliaft wiar a Iltis in aniads Winkl – nix!

Monta(g)s drauf han ih aft mein Schuld aus der Welt gschafft. Ih han a neuge Drahtbürschtn mit an rotlackiertn Griff und rostfreie Borschtn kaft. Der Greißler hat leider koan billigere ghabb.

Ih han mih recht gfreut, daß ma(r) der Mini mein Umziacherei mit der ausglichnen Bürschtn nix vorübl gnommen hat, wia's halt, Gott sei Dank, Brauch is ba guate Nachbarn.

A Moasterschuß

Ban Stammtisch sän s' kommod beinandergsessn,
in „Goldnen Hirschen", so wia jedn Freita(g),
ham gscheitgredt und a gschmackigs Wildbrat gessn;
ban Rotn geht aft d' Sitzung gmüatlih weiter,
ah der alte Förschter hat sih zuwigsellt
und ehzeit va der Jagerei derzählt.

„Ih han vor Jahrn in Bretstoan hint ban Pirschn
– nit leicht a Schütz mehr kunnt sih's so derhoffm –
an prächti guatn Sechzehnender-Hirschn
auf mehr wia hundert Schriatt so glücklih troffm,
daß die Kugl aufm glattn Blattschuß drauf
is außi krat ban linkn Hinterlauf."

Natürlih ham s' ban Tisch as Maul aufgrissn,
ba so an Weidmannsheil fürn gschicktn Förschter,
und e(b)mster will's der Schuldirektor wissn
und fragg den Jagerglückspilz gleih als erschter:
„Meiner Seel, als Laie bin ih da ganz wegg,
is denn die Kugl eppa gar ums Eck?"

„Dein Frag, Herr Schuldirektor, is berechtigt;
du moanst, mir stangert 's Jagdlatein ah offm …
Ih nimm's neamd übl, wenn er mih verdächtigt,
weil ih ja ah nit jedsmal so han troffm.
Handsam han ih 's Gwiehr selm hochgnomm, haargwegn zielt,
und gar der Zuafall hat noh einigspielt:

Mein Hirsch verhofft grad auf der Hoaderblößn,
so halt mehr überzwerch und tuat koan' Rührer.
Und, denkts enk, grad noh eh der Schuß is gsessn,
schiabb krat der Hirsch sein' Hinterlauf noh vürer,
kratzt sih oanst ban linkn Lauscher und bricht zsamm,
so wahr ih Schneidauf hoaß mit rechtn Nam."

„A Weidmannsheil!“ Wia da die Glasln leuchtn!
’n Doktor seins just gfreut sih in der Rechtn,
und „kling“ keit’s falsch ban Stammtischtrieb, ban feuchtn,
scho fragg der Sünder, wann s’ sein’ Liter möchtn.
„Hudl nix, Herr Doktor, heunt bist tiafer einigfalln:
Dein’ Liter sparst. Drei Kilo warn zan zahln.“

Nachn Überfall

Derkemmen kimp der Bankkassier ins Fluachn:
„Kunnt sih nit der Lump a andre Kassa suachn?
So wia 's letzte Mal – da gibb's koan' Zweifl –
is ah heunt des viele Geld ban Teufl!
Wann's nit ernst wa', müaßt oans lachn:
D' selbe Larvm, Hau(b)m, de gstutzte Krachn ...
Sein Zegger war aus echtn Leder,
gelt, des Plastikglumpert ma(g) nit jeder.
Jechtas, ja, wenn d' Schandi wiader fragn:
An neugn Aunzug hat er desmal tragn."

Der Moperlfahrer

Der Dürrmagl-Friedl hat van Schnell-Ferdl die alte Fünfhunderter-Kawasaki kaft, an ganz an wildbarign japanischn Feuersessl, wia ma heunt gern a so sagg.

Er is ah recht fleißi damit umgfoahrn, oanst gar aufi auf Fischbach. Schö schnitti hat er aft gegn aft d' Nacht übern Schindergrabm außi hoamzuawölln.

Grad wia's a weng aunhebb zan ebnerwer(d)n nach der Schindergrabmstraßn außi, fangg auf die Gach der Motor aun zan gigetzn.

„Ja, was paßt hiatz auf oanmal den Luader nit?“ fragg sih der Moperlfahrer selmer, „ih han ja eh vor vierzehn Tag völli zehn Liter tankt, du haggeralent, sist wisserst leicht nix mehr, han? Du wirst doh nit eppa durschtiger sein wia dein Chef?“

Und wia s' aft richti zan Steihnbleibm kemmen, 's Moperl und er, loahnt er sein Kawasaki halbwegs granti ban Bankett za der Feichtn zuwi, und racht sih fürs erschte amal oane aun. Ban Rachn geht 's Nachroatn leichter, und grad, wiar er in Tschick donischmeißt und in Helm a(b)nimmb, moant er zan eahm selmer: „Migla war's richti, daß's mitn Benzin happert. Wurd am End nit schadn, wenn ih nachschauert.“

Schö gwegn schrauft er in Tankdeckl aber und legg'n mitn Helm auf die Sitzbank. Und noh viel gwegner leucht't er mitn Hölzl ban Loch eini.

Ja, du Deiga, a weng was muaß lacht doh noh sein dreingwen in Tank!

Auf oanst macht's an Kracher, und die Kawasaki hat sih van Feuersessl in a Raketn verwandlt.

Der Lenker mitn broatn Scheinwerfer is auf der Feichtn obm ghängt, die Sitzbank is ent herglegn in Boahnackerl, 's Hinterradl mit der Kettn hat auf der Buachn hin- und herklanglt, und der Helm is wiar a brinnroats Kürwas über die Gstettn g'kuglt.

Sist is, außer in Friedl selmer, nit extra viel beinanderbliebm.

Wiar er nach etla Wochn wiader van Weizer Spital hoamkemmen is, hat er sein alts Waffmradl wiader vürergsuacht und die Zigrettndosn und 's Feuerzeug in Nachbarn vermacht.

Du sapperalent eini, na weg mit den hoaklichn Glump! Wissert oans gar nit, ob nit am End eppa as Radl ah noh explodierert, wenn oans gach ban Lufteinpumpm aunrachert!

Wahlversammlung

D' Wahlversammlung will nit auswer(d)n,
und der ganze Saal vull Leut –
„Wenn d' andern gwingen", moant der Redner,
„aft is d' Sintflut neamer weit!

Weil insre Gegner sän alls Gauner,
und was s' drachsln, gsehgn mar eh,
wenn ih so denk, was da passiern kunnt,
tuat mar heunt der Bauch scho weh.

Drum, liabe Freund, seids allweil wachsam
und vertrauts nar der Partei,
und tuats nit geizn mit die Spendn,
sist is d' Musi gleih vorbei.

Die andern machn liaber Schuldn,
ja, ban Ausgebm sän de groß;
und mir ham Ehrnleut auf der Listn,
Erzpolitiker mit Maß.

Drum malts am Sunnta 's guate Kreuzl,
setzts 'n Feind damit schachmatt,
und seids nit harb, wenn ih hiatz aufhör,
ih han noh a Referat."

Da wird der Schnarcher-Gidi munter,
hintn auf sein' hirtn Sitz,
ban Fenster einer hört er 'n Regn,
und es zuckt der erschte Blitz.

„Nit aufhörn", schreit der Gidi vüri,
„Kellnerin, sofort a Bier,
weil hiatz geht draußt as Wetter nieder,
und ih han koan' Schirm ba mir!"

FKK-Strand

„Gehst oanst zan FKK-Strand badn,
so vorbeischaun kaunn nit schadn“,
han ih denkt, „bist stark und diegn,
schamst dih richti, bleibst schö liegn.“
Seither sän für mih Falottn,
de an bravm Schneider spottn;
kirzngrad sag ih mar's und 'n Leutn zua:
„Vertrauts 'n Gwand, das macht d' Figur.“

Es is privat, was d' Leut verdrängen,
wenn s' so paradiesisch gehngen;
gelt, d' verderblichstn Gedankn
findn krat d' verdeantn Schrankn,
weil a jeder d' Sündn büaßert,
wenn er länger bleibm müaßert.
Du, des leucht't mar scho ban Eingang ein:
Was viel verdeckt, macht fesch und – fein.

De oan' krachdürr wia Haklsteckn,
d' mehrern broat, daß s' d' Sunn verdeckn;
andre bloach und vuller Faltn,
glatt und braun just Spurtlergstaltn;
Dumme, de sih grilln und bratn,
Gscheite, drein in Staudnschattn,
und in Wasser Latzitreiber, frech und laut,
heraußt der Rest, der liaber schaut.

Spielt überall as Strandtheater,
Kind und Kegl, Mama, Vater ...
Irrt der Blick ah über Weltn,
findt er Stars halt doh mehr seltn.
's kaunn koan Philosoph ergründn,
was d' Natur nit kunnt erfindn;
was de moastert, koan Picasso war's instand.
Ih sag pfüat Gott. Ih hul mein Gwand.

Pistnabenteuer

Weg vo der Pistn auf der Leitn
muaß gach a Schi-Madam auf d' Seitn.
Der Kantngriff laßt aus,
und abi geht's in Saus und Braus
in Tal zua vuller Schwierigkeitn.

Just 's halbe Gwandl, des is zwider,
wer setzert sih scho gschami nieder,
wenn's rumplt übers Eis?
Und 's Gsichtl braun, die Knia schneeweiß,
sie zoagg sih so ja gwiß nit wieder.

Weit doni hupfm d' Leut wia d' Affm,
wird s' ah die Bucklpistn schaffm?
So kimp's, daß ent ban Lift
vo hint an Herrn der Bügl trifft,
derweil er balzt vor lauter Gaffm.

Passiert is's so in Obersteier,
a Schriatt auf d' Seitn kimp aft teuer …
Ös glabbs ma's nit, des gibb's:
der Herr a Beul, d' Madam an Gips,
und halt für all a Abenteuer.

Stammtischsplitter

„A Pessimist? Des is a Mensch,
der zwischn etla Übl alle
miteinander wählt“, belehrt
der Oberschulrat grad ’n Bitter-Hansl,
der’s nit woaß,
„und is dabei akrat
scho wiader Optimist,
weil er sih ehrlih gfreut,
daß längst a weiters Dutzend Übl
scho in Aussicht is.“

*

A recht nervöser Schneck
sullt nit nach jedn Regntropfm
intern Schrankn durchihudln,
eh er nit ganz sicher is,
daß vierzehn Tag koa Zug
mehr fahrt.

*

De allweil Gscheitn lachn
vuller Schadnfreud,
weil – Gott sei Dank –
was schiefgeht.
De allweil Blödn schimpfm über des,
was d’ allweil Gscheitn
mit ihrer blödn Gscheitheit
nit verhindert ham.
Sunst hättn ja de allweil Gscheitn
nix zan Lachn und zan Gfreun.

*

Leutln, de alloan
nix Gscheits dergrüabln mögn,
leistn dennah ah noh viel,
wenn 's so ban Schimpfm
um an großn Wirtshaustisch
oan Krüagl nachn oan'
drauf fuchti hintrilaarn,
daß alle Obergscheitn längst scho
hättn aufghängt ghört.

*

Es stimp natürlih, liaber Herr,
das Auto is und bleibb a Übl.
Mitn Radl sulltn d' Leut schö brav,
wia Se am Samstagnachmittag,
halt wochntags auf d' Arbat fahrn,
der Umwelt z'liab, wia S' sagn.
Daß aus insre Auspuffröhrln
ah der Sturm und d' Schneelawinen,
d' regnlosn Summerwochn
und die Borknkäfer kemmen,
glabb Ihnen, liaber Herr,
ja nit amal der kranke Wald.

Nachn Hoamatabmd

Gar fleißi habts ins zuaglost, liabe Leut,
ih moan, mir ham ins miteinander gfreut:
a wengerl nachdenkt und ah herzlih glacht,
so ham's scho ehfurt insre Ahndln gmacht.

Ban Hoamatgsang, ban Wort und Musiklang,
da laßt sih guat dabeisein, Gott sei Dank;
und so beinand – ma muaß frei drüber redn –
sän mir a oanzige Famili gwedn.
Ja, bald wo keit's heunt lauter, fremd, modern;
mir protzn nit, so ham's halt andre gern ...
Was mir ins sagn wölln, braucht ja koan' Bahöll,
ban Gmüatlihsein find's gwiß ah so in d' Seel;
mir haltn ins doh liaber noh an das,
was bei ins selmer wachst wia Blüah und Gras,
wia Strauch und Bam, wia Troad und Obst und Wein,
wia 's Kräutlwerch in Bauerngartl drein.

Und so is d' Hoamat, wenn ma's recht betracht't,
a ganze Welt, de reich und glücklih macht;
und wer des gspürt und sih da einidenkt,
dem ham ma heunt vielleicht a Sträußl geschenkt – –

Und hättsd' as aungnomm, dankbar in der Ghoam,
selm ghört's hiatz dein, bitt gar schö, bring's guat hoam.

Worterklärungen

aber (oba)	herab, herunter
A(b)kehr	wasserableitende Querrinne auf Fahrwegen
achtinggebm	achtgeben, aufpassen
Ächer	Ähren (Getreide)
aft, aftn	dann
Aneweign	spukhafte Erscheinung; Irrlicht
An(t)laßdichtung	Gelegenheitsdichtung
Aufhängwind	warmer Wind (Woachwind), Depressionen verursachend
bagschieri	unsanft, ungeschickt, ungeschlacht
Bahöll	Lärm, Tumult
bakloan	nach und nach; kleinweise
balei nit	beileibe nicht, ganz und gar nicht
biesn	unwillig, widerborstig sein
Bitzl; Bitz	Jähzorn, Einbildung; jähzorniger Mensch
Blechkachl	ausgesonderte Blechgebinde (Ez. u. Mz.)
blob	blau
Botzerl	kleine Knospe, Sprößchen; Schößling
Breat, die	Breite
Brentlhüttn	Schwaighütte, Almhütte
Brosl	Kurzform von Ambros
Buachdrucker	Borkenkäferart
Buderl	Schnapsglas
Daunderlaun	langweilige, gleichförmige Tätigkeit
daweil habm	Zeit finden, Zeit haben
derhumert	sehr hungrig; verhungert
derkemmen	aufgeregt; heftig erregt; erschrocken sein
derlodern	erwischen; erreichen, erfassen
derlost	erlauscht, erhorcht
derratn, zan	recht machen
dertoan, zan	zu bewältigen
doniloatn	ableiten, hinwegleiten
Drischltakt	rhythmischer Arbeitsschlag beim händischen Dreschen
ebmster, emster	eben, gerade, just
ehnter; va ehnter	früher; von früher
Eichtl, an	kurze Weile; auch: sehr kleines Stück
eingschobm	hier: eingesteckt (in Hosen-, Rock-, Manteltasche)

Farkl	männliches Schweinchen
feanzt	spöttelt, foppt
Fedlbinkerl	Bündel an Habseligkeiten beim Siedeln (= Fedeln)
feindsali	feindselig; unfreundlich
fert	vorjährig, im Vorjahr
Feuersessl	zeitgemäßes Synonym für Motorrad
Fluckerl	kurzes Aufflammen
frotsali	mühselig, elend
Fuchsn, die	rötlich behaarte Zugpferde
fuchsn	Ärger verursachendes Abmühen; in Zorn bringen
Fürhap	Fürhaupt, Pflugwendestreifen; breiter Ackerrain
Fürterl	kleine Schürze
gach	jäh; unerwartet
gach immer	bisweilen, fallweise
gamper	zierlich, nett
gfuchst	von ärgerlichen Mißerfolgen genarrt worden sein
glaberst	wenigstens
Glasaugn	Augengläser, Brille
glatt (glod)	nahebei, knapp
gleim	knapp dabei, hart an
glimetzt	blitzt, funkelt
glitznt	glitzert, glänzt, schimmert
Gluachtschaml	„Glutschemel“, Spottbegriff für Moped
glugetzn	gurgelndes Fließgeräusch
Glump und Graffl	ausgedientes, nichtsnütziges Zeug und Gerümpel
graun	mager, hager
Greanbrachn	Grünbrache
grechtln	bereitstellen, zum Gebrauch richten
Gredn	überdeckter Weg um Haus und Stall
grein’	tadelnd schimpfen, greinen
grenkert	dürrästig
Grenkwerch	wirres dürres Geäste
Gschlaun, die	Eile, Raschheit
gschmeidi	geschmeidig; bescheiden, sanft
Gugaz	Kuckuck
Gwauhn, die	Gewohnheit; Gepflogenheit, Überlieferung
gwegn	genau; vorsichtig, behutsam
gwahri	aufmerksam, feinhörig
Gwus	Gewirre, Durcheinander
handsam	handlich; gemächlich, besonnen, überlegt
harb	versalzen; hier: böse, ungehalten sein
Harbsein, ’s	das Ungehaltensein; Unmut, Mißmut
Harbwer(d)n, ban	beim Bösewerden
Hax	Bein

hellblob	hellblau, lichtblau
hindaun (hidaun)	nebenan, in einiger Entfernung; weg
Hoaderblößn	heidekrautbewachsene Waldblöße
hoaklih	heikel, wählerisch
Hölzl	kleines Gehölz; hier: Zündhölzchen
hugern	hocken, sitzen
Huller	Holunder
humeri	hungrig
Hurnus	Hornisse
husi	eilig, schleunig
immeroanst	bisweilen, fallweise, manchmal
irgendoanst	irgendwann
Jammergeign	Windgejammer; Wehgeklage
Jauk, Jauck	warmer Wind, Südwind
Jungheit	in jugendlichem Alter, in der Jugend
Jungmoaß	junger Waldanflug
Käfer	hier: VW-Käfer
keit	klingt, tönt
Kin(d)eraufzügln	das Kinderaufziehen
Kipfm	Stemmleiste an früheren Frachtwagen
kloanderschreckt	sehr erschrocken
Kloankeuschlergarrn	zweirädriger Karren, Kleinhäuslergefährt
koati	kotig
Koh, Kha(g)	Gehag; lebender Zaun; Heckeneinfriedung
krat	justament; absichtlich, gerade
Krawallmascherl	Masche; Halsbinde mit Masche: „Fliege“
Lapp	einfältiger Mensch, gutmütiger Tölpel
Latzitreiber	Possenmacher, Unfugstifter
Lausstubb	Läusepuder
letz	schlecht, übel, schlimm, böse
Lipp	Kurzform von Philipp
Loastn	ausgeprägte Wagenspurrinnen auf Fahrwegen
losn	hören, horchen
losn, wo	müßiges, träges Verweilen
Mattheis, um	um Matthias (25. Februar)
Mentl	Kurzform von Klement
Miasl-Tant	Tante Maria
miglah	möglich
Murkswerch	wenig ertragreiche laienhafte Beschäftigung

nettn	nötigen; wiederholt zu etwas auffordern
Nigl	hier: kleines Wesen, Kindchen (Igel!)
ninderscht	nirgends, nirgendwo
noti	armselig, unbemittelt, dürftig
oacher (= abher)	herab, herunter
Oacherl	Eichhörnchen
oachln	taumeln, torkeln, straucheln
Oachler	Strauchler
Ortscheitl	Wagbalken bei Frachtwagen oder Zugschlitten
Pamperlitz, Pamperletsch	Kinderpuppe; Tolpatsch
Pfoad	Pfaid, Hemd
Piccolofotzhobl	Piccolo-Mundharmonika
pofln	brummend schwätzen
Rantl, Randl	Weilchen, kurzer Zeitraum
Reid	Wegbiegung, Kurve
rindhebi	die Rinde löst sich vom Untergrund (Holz, Brot etc.)
Roanhasln	Haselhecke am Rain
roatn	sinnieren, sinnen, grübeln
roglihmachn	lockern, ledigmachen
ruahgabi	ruhig; willig; friedfertig; lenkbar (bei Zugtieren)
Säcklgeld	Taschengeld
Sa(g)schartnofm	Sägespäneofen
Salitter, Saliter	Salpeter
salittri(g)	salpeterdurchsetzt
Schachn	alleinstehendes Gehölz
schelch	schief, verzogen, uneben
scheppern	redseliges Mitteilen; tratschen
schimpli	schimmelig, verschimmelt
Schinkn	Beine
Schlittngrätta	Schlittengestell (Gereite)
schnofln	schnüffeln; herumstöbern
Schroach	Schrei
sel	der-, die-, dasselbe
selm	damals, zu jener Zeit, dann; dort; so
selmer	selber, selbst
Sengswar(f)	Sensengestell
sinndlih, sinndlah	betrübt, bedrückt, traurig
spächn	spähen; neugierig beobachten
Spindlbamwald	scherzhaft für Obstplantage
Sprangl	Stange, Sprosse, Latte
Staffl	Stufe

stantapee	sofort, allsogleich, stehenden Fußes
Statin	Faß, Gebinde (ca. 650 Liter)
stockhoaser	ganz heiser
Strietzl	kleiner Strutz
tirkln	taumeln, torkeln, wanken
Tocker	männlicher Hausstock
törisch	schwerhörig, taub
Trapfmseitn	Traufseite des Hauses
Treapm	weiblicher Hausstock
überzwerch	querüber; in schiefer, schräger Richtung
Umbummler	Müßiggänger, Nichtstuer, Tagedieb
umersimliern	heuchlerisch herumdeuteln
umgrein'	umherzanken, keifen
umioachln	taumelnd hinfallen
vergweihnt	verwöhnt, verhätschelt
verhuln	erpicht; auf etwas versessen sein
vertanglt	verwünscht, verflucht, verdammt
verwoast	verwaist
wildbari(g)	ungezügelt, heftig, wild
Wippl	verwilderter, geiziger Mensch
Worfl	Worfschaufel (vormals zum Reinigen des Getreides)
wulletzn	jodeln, almerisch singen
Wuserl	Küken; noch beflaumtes Vogelkind
Wusl	Verwirrung
zitzerlweis	kleinweise; nach und nach
zlechsnen	durch Alter oder Trockenheit zerfallen
zleichnehmen	ausborgen
zsammgrechtln	vorbereiten, bereitstellen
zsammpudln	in sich zusammenfallen
Zweschbm	Zwetschken

Einige Hinweise

Da sich Mundartdichtung keiner wissenschaftlich-phonetischen Schreibweise bedienen kann, jede andere noch so wohl gemeinte Angleichung an die lautgerechte Aussprache das Wortbild verfremdet und damit der Sinnentnahme entgegenwirkt, wurde die Schreibung so weit wie möglich an die hochdeutsche Schreibweise herangeführt. Vorleser und Leser werden gebeten, sich einzulesen, dann wird die Umsetzung des geschriebenen Textes in die mundartliche Aussprache nicht allzu schwerfallen.

Einige Beispiele:

der Tag, der Bach, 's Dach = da Tåg, da Båch, 's Dåch usw. („a" zwischen „a" und „o").

In Klammer stehende Laute werden nicht artikuliert: La(u)b = Lab; Kin(d)er = Kiner; der We(g) = da We (spr. Wäi); sie(b)mgscheit = siemgscheit u. a. m.

Die Nachsilbe -er klingt auch im Hochdeutschen fast wie -a: daher steht anstatt „da Baua", „da Jaga", „da Lehra" einfach „der Bauer", „der Jager", „der Lehrer" usw.

Nasaliertes „n" im 1. Fall (Frage: Wer oder was?): mein Onkl, mein Tant, dein Ketterl, sein Messerl, koan Strom usw. wie im Französischen bei „mon", „non" ... Daher steht nicht: mei Onkl, sei Messerl, koa Strom!

Normal gesprochenes „n" aber im 3. und 4. Fall (Frage: Wem? Wen oder was?), daher mit Auslassungszeichen: mein' Onkl, oan' Bam, koan' Strom ha(b)m, mit dein' Ketterl, sein' Moaster fragn etc. So beispielsweise: oan Oa (Ei) für oan' Gast; der Kloan sull halt ah bakloan toan, was d' andern toan'; sein Kopf paßt nit recht in sein' Huat ...

Der Diphthong „ou" wurde in der Schreibung nicht speziell berücksichtigt, da er im Oststeirischen „automatisch" bei „o" anklingt.

In Mehrzahlformen mit dem Stammvokal „a" bleibt dieser rein:

Einzahl:	*Mehrzahl:*
der Acker (da Ocka)	die Acker (die Acka)
's Dach ('s Doch)	die Dacher (die Dacha)
inser Wald (Wold)	insere Walder (Walda)

Dies gilt auch für Verkleinerungsformen:

der Acker	's Ackerl	etla Ackerln
's Dach	's Dachl	schöne Dachln
inser Wald	inser Waldl	insere Waldln
der Bach	's Bachl	die Bachln

Nachwort

Wenn einer wie ich seit den auslaufenden achtziger Jahren im siebenten Lebensjahrzehnt steht, kann er auf friedliche, turbulente, apokalyptische, aber auch faszinierende Zeitabschnitte zurückblicken.

Die äußerlich ärmliche Kindheit des Arbeiter- und Keuschlerbuben war in all ihrer Bescheidenheit schön und voller Phantasien. Die von Überfluß und Perfektion abgestumpfte unserer Kinder und Enkel kann keinen Vergleich mit ihr bestehen.

Das Erlernen bäuerlicher Arbeitsweisen daheim und bei Nachbarn, die Handhabung und der Gebrauch von Werkzeug und Gerät sowie das Hineinwachsen in eine sprachliche Kleinwelt, die schon früh das Denken und Empfinden prägte, geschah aus dem Bedürfnis, in einer vertrauten Nachbargemeinschaft als möglichst gleichwertiges Mitglied nützlich sein zu können.

Nachdem mir – nach Kriegsdienst und Gefangenschaft – durch die Opferbereitschaft der Meinen der Abschluß des Lehrerstudiums ermöglicht worden war, verdanke ich es nicht zuletzt meinem Hingezogensein zu den einfachen Leuten, daß ich in der damaligen Abgeschiedenheit des oberen Feistritztales gerne zehn Jahre als Volks- und Hauptschullehrer tätig war. Ich widmete mich auch eifrig meinen künstlerischen Anliegen und glaube, fern jeder Hektik, mancherlei Anfangsunzulänglichkeiten nicht nur in meinem dichterischen Bemühen entwachsen zu sein.

Wenn ich nach weiteren drei Jahrzehnten als Hauptschullehrer und Schulleiter in St. Ruprecht a. d. Raab in die Vergangenheit zurückblicke, so drängt sich mir die für ein Menschenalter nahezu unfaßbare Wirklichkeit einer Kettenreaktion gewaltiger Veränderungen und Umwälzungen auf. Ich war – und bin – Zeitzeuge technischer, sozialer, politischer, kultureller und manch anderer Revolutionen. Ich überblicke beispielsweise den Zeitraum vom Zugtiergespann zum Sattelschlepper und Überlandbus; vom wackeligen Aeroplan zum Jumbojet und zur Mondfähre; vom Einleger zum Rentner; von Diktaturen zur Demokratie u. a. m. Ich erlebte das wechselvolle Schicksal des Heimatbegriffes: Heimat, vom Blut-und-Boden-Mythos mißbraucht, von Ausverkäufern ausgebeutet und geschändet, von geistig Unbehausten verleugnet. Es ist gut und tröstlich: Die „Börse“ für Heimat notiert wieder höher. Sie wird als nicht wegzudiskutierende Lebenswirklichkeit alle überdauern, die an ihr Unrecht begehen.

Nichts in mir beweint das Unwiederbringliche, nichts betrauert die „gute alte Zeit“. Bei aller Hochschätzung des daraus Bleibenden hat keiner meiner Verse den Auftrag, Vergangenheitssehnsucht zu wecken, wenngleich in einem Abschnitt des vorliegenden Büchels auch die „gute alte Vergangenheit“ zu Wort kommt.

Im Zeitenwandel spannt sich gleichsam die Zeitbrücke herein in die Gegenwart. Drüben am ferneren Ufer lag einst die heimatlich-idyllische, bäuerlich-(fast)heile Welt. Der stürmische Fortschritt hat sie überflutet und ihre Lebens- und Denkweise zusamt ihrer angestammten, über Jahrhunderte herauf gewachsenen „Mundart“ in nur wenigen Jahrzehnten verwässert oder auf Inseln verbannt. Ein stark dezimierter, neuer Bauernstand produziert in reichlicher Fülle unser tägliches Brot. Die Dialektdichtung erschließt sich längst auch außerbäuerliche Bereiche. So erscheint es mir, dem Zeitzeugen auch dieser Veränderung, reizvoll, den Versuch zu unternehmen, schlichte, farbige Arglosigkeit des Gewesenen der doch sehr berechnenden, nüchtern-materialistischen Welt von heute gegenüberzustellen.

Erwin Klauber